Das Judentum

Campus »Einführungen«

Herausgegeben von
Thorsten Bonacker (Marburg)
Hans-Martin Lohmann (Frankfurt a.M.)

Susanne Galley, Dr. phil. habil., ist wissenschaftliche Mitarbeiterin und Privatdozentin am Kollegium Jüdische Studien sowie am Institut für Religionswissenschaft der Universität Potsdam.

Susanne Galley

Das Judentum

Campus Verlag
Frankfurt/New York

Bibliografische Information der Deutschen Bibliothek
Die Deutsche Bibliothek verzeichnet diese Publikation in der
Deutschen Nationalbibliografie. Detaillierte bibliografische Daten sind
im Internet über http://dnb.ddb.de abrufbar.
ISBN-10 3-593-37977-5
ISBN-13 9-783-593-37977-7

Das Werk einschließlich aller seiner Teile ist urheberrechtlich
geschützt. Jede Verwertung ist ohne Zustimmung des Verlags unzulässig. Das gilt insbesondere für Vervielfältigungen, Übersetzungen,
Mikroverfilmungen und die Einspeicherung und Verarbeitung in
elektronischen Systemen.
Copyright © 2006 Campus Verlag GmbH, Frankfurt/Main
Umschlaggestaltung: Guido Klütsch, Köln
Umschlagmotiv: Pentateuch (Tora), Stich, undatiert © ullstein – Archiv
Gerstenberg
Druck und Bindung: Druckpartner Rübelmann, Hemsbach
Gedruckt auf säurefreiem und chlorfrei gebleichtem Papier.
Printed in Germany

Besuchen Sie uns im Internet: www.campus.de

Inhalt

Vorwort 7

1. Einleitung 10

2. Vorgeschichte: Vom Werden der Tora und Israels
   (1300 v. bis 70 n.d.Z.) 19

   2.1. Von den Ursprüngen. Die Religionsgeschichte
        Alt-Israels 19
   2.2. Die Geschichte von Exil und Heimkehr 30
   2.3. Profile des biblischen Israel: Tora, Tempel und
        Gelobtes Land 44

3. Das rabbinische Judentum
   (bis 7. Jahrhundert) 51

   3.1. Die Geschichte vom Werden des
        Judentums 51
   3.2. Profile des rabbinischen Judentums 60

4. Mittelalter: Juden unter islamischer Herrschaft
   (7. bis 15. Jahrhundert) 74

   4.1. Zur Geschichte der Juden »Babylons« 74
   4.2. Ein »Goldenes Zeitalter«?
        Juden im maurischen Spanien 79
   4.3. Profile des sefardischen Judentums: Philosophie
        und Kabbala 86

5. Mittelalter: Juden unter christlicher Herrschaft
   (7. bis 16. Jahrhundert) 98

   5.1. Zur Geschichte des aschkenasischen
        Judentums 98
   5.2. Profile des aschkenasischen Judentums:
        Kommentar und Liturgie 108

6 Das Judentum

6. **Neuanfänge des sefardischen Judentums (16. bis 20. Jahrhundert)** 116

   6.1. Zur Geschichte der Sefarden im Osmanischen Reich 117
   6.2. Profile des sefardischen Judentums in der frühen Neuzeit: Lurianische Kabbala 122

7. **Neuansätze im aschkenasischen Judentum (17./18. Jahrhundert)** 129

   7.1. Zur Geschichte der Juden Ost- und Zentraleuropas 129
   7.2. Profile des osteuropäischen Judentums 138

8. **Tora und Israel auf dem Prüfstand (19. bis 20. Jahrhundert)** 146

   8.1. Zur Geschichte der Juden Europas in der Neuzeit 147
   8.2. Profile des modernen europäischen Judentums 153

9. **Schoa** 166

10. **Israel und das Judentum der Gegenwart (seit 1948)** 169

    10.1. Zur Geschichte des Judentums in Amerika und Israel 169
    10.2. Profile des Judentums der Gegenwart 177

    ### Anhang
    Zeittafel 184
    Literatur 187
    Abkürzungen 193
    Glossar 195

Vorwort

Wer sich daran macht, das Judentum kennen zu lernen, begibt sich auf einen langen und höchst interessanten Weg. Bereits mit dem ersten Wort des Buchtitels stößt man jedoch auf ein Problem: *Das* Judentum gibt es nicht und hat es nie gegeben. Wir haben es vielmehr mit einem komplexen Phänomen zu tun, das in seiner Vielfalt und Wandlungsfähigkeit nur schwer einzugrenzen und zu definieren ist.

Der vorliegenden Einführung liegt die Einsicht zugrunde, dass die jüdische Kultur in ihrer Geschichte überwiegend von religiösen Traditionen geprägt worden ist. Wir werden daher die Grundzüge und Wandlungen der jüdischen »Religion« in den Mittelpunkt der Darstellung rücken – wohl wissend, dass »Religion« ein moderner Begriff ist, welcher das Phänomen Judentum zumeist kaum angemessen erfasst. Eine zweite wichtige Beschränkung, die wir uns auferlegen müssen, besteht darin, bedeutende regionale Ausprägungen jüdischer Kultur, wie die jemenitische oder die kaukasische, weitgehend auszublenden. Die Geschichte, die wir erzählen werden, richtet ihren Blick vor allem auf diejenigen jüdischen Gemeinschaften, welche intensiv auf das Judentum Europas wirkten.

Um bei aller Komplexität und Verschiedenheit das einigende Band nicht aus den Augen zu verlieren, benötigen wir Grundmotive, deren Kontinuität und Entwicklung wir durch die Jahrhunderte hindurch beobachten können. Als Gravitationszentren jüdischen Lebens, die den Großteil der Traditionen auf sich ziehen und prägen, haben wir die Tora und Israel ausgemacht. Sie werden uns als *cantus firmus* der folgenden Darstellung begleiten.

Jüdisches Denken war und ist geprägt von einem engen Zusammenhang von erzählter Geschichte (*Haggada*) und einer sorgfältig weiten Bereichen des Alltagslebens angepassten ethischen und rituellen Praxis (Halacha). Wir werden dieses Zusammenspiel von *Haggada* und *Halacha* unserer Darstellung als Struktur zugrunde legen.

Jedes einzelne Kapitel der chronologisch orientierten Darstellung wird somit die Interaktion zwischen der erzählten und erinnerten Geschichte und der religiösen und kulturellen Entwicklung des Judentums analysieren. Dabei gilt es vor allem, die Grundmotive Tora und Israel in ihren Wandlungen und Deutungen zu beobachten; die Einflüsse fremder Kulturen auf die jüdische Geschichte und Lebensweise zu würdigen und nach den Ursachen für die internen Konflikte zu forschen, welche sich in religiösen, sozialen und politischen Formen äußern konnten. Zur Abrundung der Darstellung werden wir die jeweils prägende(n) Schrift(en) und Person(en) einer Epoche näher vorstellen, um an deren Beispiel die Besonderheiten ihrer Zeit transparent zu machen.

Der Versuch, eine so reiche und alte Kultur wie die jüdische auf relativ eng begrenztem Raum und nach strengem Schema darzustellen, führt notwendig zu unzulässigen Vereinfachungen und Lücken. Diese Einführung möchte daher vor allem Neugierde wecken und dazu verhelfen, die notwendigen weiteren Studien vielleicht etwas strukturierter in Angriff zu nehmen.

Zuletzt und vor allem sei den Freunden, Studierenden und Kollegen herzlich gedankt, die mitgelesen, diskutiert und geholfen haben, den folgenden Text zu verfassen: meinem Mann, Marc Olivier Talabardon, ohne den gar nichts geht; meinen lieben Freundinnen Helga Völkening und Hiltrud Wallenborn, die mir gründlich und genau ihre

Meinung sagen; den Studierenden, die ich unterrichten darf, und unter ihnen insbesondere Christian Reiher, der die Graphiken digitalisiert hat, und Marie-Luise Schmidt, die alles über den Bund weiß.

1. Einleitung

Das Judentum zeigt sich in seiner mehr als dreitausendjährigen Geschichte stets als eine ausgesprochen pluralistische Kultur, deren Ränder oft nur vage zu bestimmen waren und sind. Es präsentiert sich insofern als eine komplexe Größe, da es sich in wechselnder Gewichtung ethnisch, national, kulturell oder religiös definiert. So wird beispielsweise die Frage, ob säkulare Jüdinnen und Juden überhaupt als solche zu bezeichnen sind, innerhalb der jüdischen Gemeinschaft bis heute kontrovers diskutiert. Das Judentum weist deshalb so pluralistische Züge auf, weil es auf eine lange Geschichte und vielfältige Erfahrungen als Minderheit im Exil zurückblickt. Der Begriff »Exil« bezeichnete jedoch stets unterschiedliche geographische Räume, die zu jeweils eigenen Strategien der Selbstbehauptung und Akkulturation genötigt haben.

Die nächste Schwierigkeit, die sich mit dem Titel *Das Judentum* stellt, begegnet im Begriff *Judentum*. Allzu selbstverständlich wird er als Bezeichnung einer Religion oder einer Kultur verwendet, die weit älter ist als der Begriff selbst. Im Grunddokument des jüdischen Volkes, der Hebräischen Bibel, sucht man ihn nämlich vergeblich.

Judentum Die Bezeichnung Judentum leitet sich vom hebräischen Wort *Jehudi* her, was mit »Bewohner des Königreiches J(eh)uda« oder »Judäer«, zunächst jedoch nicht mit »Jude«, zu übersetzen wäre. Das Königreich Juda, der südliche Teil des von Israel besiedelten Gebietes, existierte von etwa 925 bis 586 v.d.Z. Von 540 bis 333 v.d.Z. diente *Jehud* als Bezeichnung einer kleinen persischen Verwaltungseinheit, die zur Provinz Abar Nahara (»jenseits des Stromes«) gehörte. Bis zur Mitte des 2. Jahrhunderts v.d.Z. wurde die

Bezeichnung *Jehudi* bzw. sein griechisches Äquivalent *Ioudaios* ausschließlich im ethnisch-geografischen Sinne (»Judäer«) verwendet. Der älteste Beleg für die Bezeichnung »Judentum« entstammt ebenfalls dem 2. Jahrhundert (2 Makk 2,21-22; 8,1; 14,38). Er beschreibt eine komplexe politisch-ethnisch-kulturelle Größe, welche sich gegen die griechische Herrschafts- und Lebensweise abgrenzt. Bis weit in das 1. Jahrhundert n.d.Z. hinein dominierte die ethnisch-geografische Interpretation des Begriffs.

Paradebeispiel für die changierende Bedeutung des Wortes Jude beziehungweise Judäer ist König Herodes, der von 37 bis 4 v.d.Z. als römischer Vasall über Palästina herrschte. *Ethnisch* betrachtet gehörte er zum Volk der →*Idumäer*, das jedoch im 2. Jahrhundert v.d.Z. zwangsweise dem jüdischen Volk eingegliedert worden war. Aus diesem Grunde war Herodes *ethnisch-politisch* zugleich Idumäer *und* Judäer, was von vielen seiner Zeitgenossen, wie dem jüdischen Historiker Josephus, auch anerkannt wurde. Dieser Umstand ebnete ihm den Weg zur Herrschaft über das jüdische Volk. In dieser Funktion konnte er auch den Tempel zu Jerusalem beträchtlich erweitern und verschönern. Die politischen Gegner des Herodes sahen in ihm jedoch lediglich einen »Halb-Judäer« (vgl. Josephus, *Ant* 14,403) und hielten seinen Anspruch auf religiöse Teilhabe am Judentum für schlichte Anmaßung.

Judäer und Jude

Eine neue und bis heute weithin anerkannte Definition der Zugehörigkeit zum Judentum wurde von der →*rabbinischen Theologie* frühestens ab dem 2. Jahrhundert n.d.Z. entwickelt. Als Jude (nicht mehr: Judäer) gilt, wer eine jüdische Mutter hat (vgl. Mischna Qid 3,12). Dieser Bestimmung zufolge wäre der judäische König Herodes keinesfalls »Jude« gewesen, da seine Mutter einer arabischen Familie entstammte. Entsprechend urteilt im 5./6. Jahrhundert der Babylonische Talmud (BB 3b), Herodes sei ein (heidnischer) Sklave gewesen – hätte also weder König Judäas noch gar Tempel-Erbauer werden dürfen. Je nach Epoche und politisch-religiöser Prägung wird derselbe Herodes somit als Idumäer-und-deshalb-kein-Judäer, Idumäer-und-deshalb-Judäer, als Judäer-und-Jude oder als Araber definiert (Cohen 1999: 13–24).

Die Bezeichnung *Judentum* im Sinne einer Religion bzw. einer vornehmlich religiös definierten Größe entwickelte sich erst in Abgrenzung zum Begriff »Christentum«, der kaum vor dem 4. Jahrhundert seine heute bekannte Ausprägung erfuhr. Sie muss jedoch eher als eine Fremdbezeichnung denn als ein Eigenname angesehen werden. Die jüdische Gemeinschaft *im religiösen Sinne* verstand sich nämlich als Volk Israel – und tut dies weithin bis heute. In gewisser Weise kommt somit in der Bezeichnung Judentum für die Religion des jüdischen Volkes ein Konflikt zum Ausdruck, da die Christen die Bezeichnung Israel für sich selbst (als das »Neue Israel«) reklamierten und sie mithin den Juden streitig machten.

Israel und Tora

Sieht man von modernen Entwicklungen einmal ab, so zeigt sich, dass sich Juden zu allen Zeiten überall auf der Welt auf zwei klar umrissene Größen bezogen haben: auf die →*Tora*, die Offenbarung Gottes am Sinai, sowie auf *Israel* – in seiner Doppelgestalt als geographische Heimat und ethnisch-religiöse Gemeinschaft. Erst in jüngster Zeit, etwa ab dem 19. Jahrhundert, haben Juden diesen doppelten Bezug in Frage gestellt. Dies geschah einerseits, indem sich das liberale Judentum Westeuropas als eine Konfession im christlichen Sinne definierte, so dass sich deren Anhänger zum Beispiel als »deutsche Staatsbürger mosaischen Glaubens« verstanden. Damit wurde die Bindung zu Israel als geographischer Heimat relativiert. Eine komplementäre Entwicklung vollzog sich bei manchen säkular lebenden Juden, die, wie etwa weite Teile der zionistischen Bewegung, die Befolgung der Tora als obsolet betrachteten, an der ethnisch-geographischen Bezogenheit zu Israel jedoch festhielten.

Tora

Der Begriff *Tora* (hebr. Weisung, Belehrung) zeigt im Laufe der jüdischen Religionsgeschichte einige Veränderungen. Ursprünglich bezeichnete der Begriff die elterliche oder priesterliche Unterweisung, später auch die von Propheten übermittelten Worte Gottes. Eine weitere Bedeutungsebene verknüpfte sich mit den in Israel entstehenden Sammlungen von Rechtstexten, welche ab dem 6. Jahrhundert v.d.Z. von den Autoren der Fünf Bücher Mose in eine große Erzählung von den Anfängen Israels eingefügt wurden. Im Zuge der Entstehung des Pentateuch (der Fünf Bücher Mose) wird Tora schließlich zu einer feststehenden Bezeichnung für eben dieses Werk: Die *Torat Mosche* (Weisung Moses) ist die Gesamtheit der Offenbarung Gottes an Israel, wie sie in schriftlicher Form (»Schriftliche Tora«) in den ersten fünf Büchern beziehungsweise der gesamten Hebräischen Bibel niedergelegt ist und in mündlicher Form (»Mündliche Tora«) alles umfasst, was jemals in Auslegung der Schriftlichen Tora gesagt worden ist und werden wird.

In der Hebräischen Bibel, im Fünften Buch Mose (Deuteronomium), findet sich die klassische Beschreibung der Beziehung zwischen der Tora, dem Volk Israel und dem ihm verheißenen Land. Es ist die Tora, welche den einzig relevanten Unterschied zwischen Israel und den anderen Völkern ausmacht. Es ist dieser Unterschied, der Israel dazu bestimmt, das ihm verheißene Land tatsächlich zu besitzen. Ohne Tora, so schärft es insbesondere das Deuteronomium seinen Hörern immer wieder ein, gibt es keine Zukunft für Israel.

»Siehe, ich lehrte euch Satzungen und Rechtssätze, welche der Ewige, mein Gott, mir geboten hat, so zu tun inmitten des Landes, in welches ihr kommt, es zu erben. Und ihr sollt [sie] bewahren und tun, denn dies ist eure Weisheit und eure Einsicht in den Augen der Völker, welche all diese Satzungen hören und sagen werden: ›Es ist gewiss ein weises und einsichtiges Volk, diese große Nation!‹ Denn wo ist eine große Nation, der Götter [so] nahe sind wie der Ewige, unser Gott, wann immer wir zu ihm rufen? Und wo ist eine große

Nation, welche [solch] gerechte Satzungen und Rechtssätze besitzt wie diese ganze Tora, welche ich heute vor euch stelle?« (Dtn 4,5–8)

Die nachfolgenden Generationen Israels haben diese Überzeugung geteilt, sie unter dem Eindruck von Fremdherrschaft und Vertreibung sogar noch stärker betont als ihre biblischen Vorfahren. Als das verheißene Land in den ersten beiden Jahrhunderten n.d.Z. auf lange Sicht endgültig an die Fremden fiel und der Tempel zu Jerusalem in Trümmern lag, blieb die Tora das einzige Unterpfand der jüdischen Existenz. Einzig und allein die Bewahrung der Tora konnte den Unterschied zwischen Israel und den Völkern aufrecht erhalten und somit die Hoffnung nähren, dass die jüdische Gemeinschaft eines Tages in das Gelobte Land würde heimkehren können.

Schriftliche und Mündliche Tora

In diesem Sinne ist es tatsächlich die Tora, welche Jahrhunderte lang die jüdische Gemeinschaft konstituierte. Dies konnte allerdings nur deshalb gelingen, weil man der in der Hebräischen Bibel aufgezeichneten Offenbarung Gottes (»Schriftliche Tora«) eine dynamische mündliche Tradition (»Mündliche Tora«) an die Seite stellte, welche alle Interpretationen und Aktualisierungen der in der Bibel niedergelegten Gebote umfasst. Alles, was in Auslegung der Schriftlichen Tora gelehrt worden ist und noch gelehrt werden wird, ist Mündliche Tora und somit Offenbarung Gottes. Im Zusammenspiel dieser beiden Geschwister, die Identifikation und Innovation gleichermaßen ermöglichen, kann sich die jüdische Gemeinschaft konstant definieren, aber auch veränderten geschichtlichen und geographischen Situationen stellen.

Die Ausrichtung der jüdischen Gemeinschaft an der Tora ist jedoch kein folkloristischer Selbstzweck. Die Erfüllung ihrer Gebote nährt die Hoffnung auf Israel: auf Heimkehr und nationale Wiedergeburt. Jene Erwartung aber pulst stetig, mal intensiver, mal weniger stark durch die jüdische Geschichte. Die Dichte jener Hoffnung bestimmt das Bild der jeweiligen Epoche: Zeiten fiebriger Gewissheit wechseln mit Jahren der Enttäuschung und der Resignation. Manchmal wird die Einwanderung in das arabisch, byzantinisch, türkisch, englisch beherrschte Palästina propagiert, in anderen Zeiten versucht man hingegen eher, das Gelobte Land in Europa oder Amerika zu finden. Es ist nicht zuletzt wiederum die Tora, welche als kühle Konstante der jüdischen Lebensgestaltung die allzu feurigen Geister wieder auf den Boden der Tatsachen zurückbringt.

Halacha und Haggada

Die Schriftliche und Mündliche Tora präsentiert sich in zwei einander ergänzenden Konzepten: *Halacha* (hebr. Gehen) bezeichnet die Gesamtheit der Regeln, welche das jüdische Leben prägen; die *Haggada* (hebr. Erzählen) umfasst die narrativen Traditionen des Judentums. Sie verhilft der Halacha zu Begründungen, Beispielen, Kontexten und zu einer Verankerung in der Geschichte Israels. Beide, Halacha und Haggada, wirken zusammen wie Standbein und Spielbein einer Statue. Auch wenn das Gefüge der jüdischen Religion und Kultur nur auf den insgesamt 613 Geboten und Verboten der Tora zu fußen scheint, so können diese ohne die Erzählungen um die großen Helden wie Mose, David und Elija, ohne die ständige Rückbindung an die Geschichte und Zukunft Israels keinen Bestand haben. Seine prägende Formulierung findet dieser Zusammenhang im Ersten Gebot (jüdischer Zählung), wo es heißt: »Ich bin der Ewige, dein Gott, der dich aus dem Land Ägypten hinausgeführt hat, aus dem Haus der Sklaven.« (Ex 20,2)

Das Erste Gebot beinhaltet die halachische Forderung des Ewigen an Israel, der einzige Gott zu sein. Dieser Anspruch wird haggadisch mit der Befreiung aus dem Sklavendasein in Ägypten begründet. Ohne die Erzählung vom Auszug aus Ägypten hinge die *Halacha* von der Exklusivität Gottes buchstäblich in der Luft.

Die Bibel hat mit ihrer engen Verknüpfung von Offenbarung und Geschichte das Denken revolutioniert. Anstatt das Wirken der Götter und die Entstehung menschlicher Ordnungen mythisch zu fundieren, wie es beispielsweise die Ägypter, Sumerer oder Babylonier taten, hat sie die Begegnung zwischen Gott und Mensch in die historische Zeit verlegt. Die *Halacha*, das System ethischer, kultischer und juridischer Gebote, wird in die *Haggada* eingebettet und geschichtlich begründet. Nach und nach, in einem langen Prozess gegenseitigen »Kennenlernens«, unterweist Gott sein Volk in den wichtigsten Lebensregeln und begleitet es bei seinen Erfahrungen in deren Anwendung. Aus dieser Konstellation resultiert die permanente Aufforderung an Israel, sich zu erinnern, das Vergangene weiterzuerzählen, in Fest und Ritual die Erfahrungen der Geschichte Gottes mit seinem Volk wieder aufleben zu lassen.

Sowohl die Hebräische Bibel als auch die rabbinische Literatur (vgl. S. 55), allen voran →*Mischna* und →*Talmud*, haben höchst erfolgreich versucht, das Volk Israel als eine homogene Größe darzustellen. Die Hebräische Bibel zum Beispiel sah das Volk unter der Führung korrumpierter Könige entweder komplett auf dem Holzweg oder kollektiv reumütig auf dem dornigen Pfad zurück zu Gott. Mischna und Talmud hingegen zeichnen das Bild *eines* lernwilligen Volkes unter der unbestrittenen Führung durch heilige Gelehrte, die →*Rabbinen*. Doch diese Holzschnitte entsprechen kaum der historischen Realität. Ein Blick unter die Oberfläche der Geschichtskonstruktionen der Bibel zeigt, dass priesterliche, höfische und prophetische Konzepte von Israel miteinander konkurrierten. Weisheitliche Skeptiker standen apokalyptischen Zirkeln oder national-konservativen Strömungen gegenüber. In der hellenistischen Epoche wird die innere Vielgestaltigkeit Israels durch die Auseinandersetzung mit der griechischen Kultur noch verstärkt: An der Frage, wie weit man sich den fremden Einflüssen öffnen solle, schieden sich die Geister. In den Jahrhunderten der griechisch-römischen Fremdherrschaft (3. Jahrhundert v.d.Z. bis 6. Jahrhundert n.d.Z.) entstanden darüber hinaus große jüdische Gemeinden außerhalb Palästinas, die ein je eigenes kulturelles Gepräge entwickelten.

Mit der Christianisierung des Römischen Reiches (4. Jahrhundert) und den arabischen Eroberungszügen wurde die jüdische Gemeinschaft zu einer ethnischen und religiösen Minderheit innerhalb christlich oder islamisch beherrschter Staaten. Dies führte zur Herausbildung zweier Grundformen jüdischer Kultur: Der *sefardischen* (von hebr. *Sefarad* für Spanien), die von der arabisch-islamischen Umwelt intensiv beeinflusst wurde, und der *aschkenasischen* (von hebr. *Aschkena*s für Deutschland), die sich unter christlichem Einfluss behaupten musste. Die *Sefarden* prägten in Spanien, Nordafrika und im Vorderen Orient eine jeweils besondere jüdische Lebensart aus. Die kulturellen Zentren des Judentums im mittelalterlichen Europa befanden sich in Südfrankreich, dem Rheinland und Norditalien, bis sich aufgrund großflächiger Verfolgungen ab dem 12. Jahrhundert Mittel- und Osteuropa zu einem Refugium der aschkenasischen Juden entwickelte.

Sefarad und Aschkenas

Doch auch innerhalb der sefardischen und aschkenasischen Gemeinden gab es heftige Konflikte darüber, worin das Wesentliche des jüdischen Lebens besteht und welchen philosophischen, theologischen und religiösen Traditionen besonderes Gewicht zukommt. So tobte im sefardischen Spanien des 13. und 14. Jahrhunderts eine harte Auseinandersetzung um die aristotelische Deutung des Judentums durch Mosche ben Maimon (Maimonides, 1135–1204). Die →*Kabbala*, die klassische jüdische Mystik, stellte dem ein völlig anders geartetes Konzept entgegen – nicht ohne sich dabei platonischer Vorstellungen zu bedienen. Dispute über das Wesen des Judentums erschütterten auch die osteuropäischen Gemeinden ab dem 17. Jahrhundert, als der →*Chassidismus* seinen Siegeszug durch Galizien und die Ukraine antrat. Mit der Rezeption der europäischen Aufklärung durch das aschkenasische Judentum (ab dem 18./19. Jahrhundert) wurden schließlich Grundwerte in Frage gestellt, die seit Jahrhunderten das Leben der Gemeinden bestimmt hatten. Liberale, konservative und orthodoxe Interpretationen der Halacha standen jüdischen Strömungen gegenüber, welche sich vollständig säkular definierten. Manche dieser Gruppen erhoben die Angleichung an die nichtjüdische Umwelt zum Programm (wie die Sozialisten), andere versuchten, ihre jüdische Identität politisch (die Mehrheit der →*Zionisten*) oder kulturell (→*Bundisten*) zu behaupten.

2. Vorgeschichte: Vom Werden der Tora und Israels (1300 v.d.Z. bis 70 n.d.Z.)

2.1. Von den Ursprüngen. Die Religionsgeschichte Alt-Israels

Die Darstellung in der Hebräischen Bibel

Die Bibel stellt ihrer Erzählung von den Anfängen Israels eine Vorgeschichte voran: Bevor Israel zu einem Volk wurde, lebten deren Urahnen Abraham, Isaak und Jakob als Kleinviehzüchter in →*Kana'an*, einem von fremden Völkern besiedelten Gebiet, in dem sie keinen Landbesitz hatten. Aufgrund einer schweren Hungersnot verschlug es die Familie Jakobs in das östliche Nildelta, wo diese trotz harter Sklavenarbeit zu einem Volk heranwuchs. — *Die Zeit der Erzväter*

Als eigentlicher Beginn der Geschichte Israels gilt der Bibel (und mit ihr der jüdischen Tradition) die Befreiung der Nachkommen Jakobs aus der ägyptischen Knechtschaft durch den Ewigen (Jhwh), der sich dem Volk Israel als *sein Gott* zu erkennen gibt. — *Auszug aus Ägypten*

Der geheimnisvolle Gottesname *Jhwh*, das so genannte Tetragrammaton, entstammt vermutlich dem Bergland des Sinai, wo, ägyptischen Quellen zufolge, Hirtenstämme einen Berg- und Wettergott ähnlichen Namens verehrten. Auch einige sehr alte biblische Texte (Richter 5,4 f.) verbinden den Namen Jhwh mit jener Gegend. Er gilt der jüdischen Tradition seit der Antike als der am meisten heilige und wirkmächtige der vielen Bezeichnungen Gottes und darf daher nicht ausgesprochen werden. Wo immer die vier Konsonanten in biblischen oder liturgischen Texten begegnen, ersetzt man sie durch *Adonai* (hebr. »Mein Herr«) oder *ha-Schem* bzw. *Schemá* (hebr. bzw. aram. »der Name«). — *Jhwh*

Mose In der biblischen Haggada verbindet sich der Auszug aus Ägypten (Exodus) mit der Person Moses, dem sich der Ewige als erstem offenbart, um ihn mit der Führung Israels zu betrauen: »Und es sprach Gott zu Mose: Ich bin der Ewige. Ich zeigte mich jedoch dem Abraham, dem Isaak und dem Jakob als Gott Schaddaj. Aber meinen Namen Ewiger habe ich sie nicht wissen lassen.« (Ex 6,1) Mit der Erfahrung der wunderbaren Rettung vor dem heranstürmenden Heer des Pharao im Gepäck verlassen die einstigen Sklaven Ägypten und werden von Mose zum Berg Sinai geführt. Dort offenbart sich der Ewige dem ganzen Volk, übergibt ihm die Gebote und schließt mit ihm einen Bund, der Ihn zum Gott Israels und Israel zu Seinem Volk macht.

Jüdischer Festkalender Die immense Bedeutung dieser Grunddaten biblischer Historiographie erschließt sich auch dadurch, dass die alten agrarischen Wallfahrtsfeste, die den Festkalender der Israeliten strukturierten, nachträglich mit ihnen verknüpft wurden: der Beginn der Getreideernte *(Mazzot)* und das Fest zum Wechsel auf die Sommerweide *(Pessach)* mit dem Exodus, das Ende der Getreideernte mit der Übergabe der Gebote am Sinai (Wochenfest, *Schavu'ot*) sowie das Weinlesefest im Herbst mit der Wüstenwanderung (Laubhüttenfest, *Sukkot*). Durch die Verknüpfung von Pessach (dt. Passa) und Mazzot mit dem Exodus wurden deren Elemente umgedeutet: Das Schlachten eines neugeborenen Lammes wurde nun als Hinweis auf die zehnte ägyptische Plage verstanden, da ein »Schlächter« alle erstgeborenen Menschen und Tiere Ägyptens tötete (Ex 12). Im ungesäuerten Brot der neuen Getreideernte (Mazzot) sah man das Symbol der Eile vor der Flucht aus Ägypten, da man keine Zeit hatte, Sauerteig reifen zu lassen (Ex 12, Dtn 16,3). Schon in der Antike entwickelte sich der *Seder* (hebr. Ordnung), ein häusliches Mahl mit fünf traditionellen Speisen und vier Bechern Wein, zum Zentrum des Festes. Das Mahl wird geprägt von der *Pessach-Haggada*, einer von Liedern und Gebeten begleiteten Erzählung der Ereignisse rund um den Auszug aus Ägypten. Fünfzig Tage nach Pessach wird Schavu'ot (Wochenfest) gefeiert. In seinem Zentrum steht die Tora, die man am besten dadurch würdigt, dass man sie studiert. Das herbstliche Laubhüttenfest (Sukkot) schließt unmittelbar an die Hohen Feiertage (*Rosch ha-Schana* bis *Jom Kippur*, vgl. S. 104) an.

> In Gärten, Höfen und auf Balkonen errichtet man Laubhütten. Ursprung dieses Brauchs ist das Weinlesefest, bei dem man in den Weinbergen Hütten baute. Die theologische Umdeutung verband die Hütten mit der Wüstenwanderung, als das Volk keine feste Behausung hatte und auf die Fürsorge Gottes angewiesen war. Mit dem Bau der Hütte und dem rituellen Essen darin soll sich Israel daran erinnern. Zweiter Bestandteil des Sukkot bildet der *Lulav*, ein Strauß aus einer Zitrusfrucht *(Etrog)* und verschiedenen Zweigen, der auch auf das alte Agrarfest zurückgeht. Der Lulav sollte während des siebentägigen Festes immer mitgeführt werden. Besondere Bedeutung hat er in den Gottesdiensten, wo er Prozessionen in der Synagoge begleitet. Den Abschluss des Wochenfestes bildet *Simchat Tora*, das Fest der Torafreude, mit dem der jährliche Lesezyklus der Tora endet. Es gibt Gesang und Tanz, auch mit den liebevoll geschmückten Torarollen.

Die vorstaatliche Zeit

Nach einem vierzigjährigen Irrweg durch die Wüste, verursacht durch den permanenten Widerstand des Volkes gegen den Willen des Ewigen, erlangt Israel schließlich unter der Führung Josuas das ihm verheißene Land. Während das biblische Buch Josua von der nahezu vollständigen Eroberung →*Kana'ans* zu berichten weiß, verzeichnet das Buch der Richter (Ri 1–3) eine lange Liste von Gebieten, aus denen die ursprünglichen Bewohner nicht vertrieben werden konnten. Diese »fremden Völker« werden von der Bibel wesentlich dafür verantwortlich gemacht, dass Israel in der Folgezeit auf religiöse Abwege geriet.

Die Zeit der Könige

Zermürbt von inneren und äußeren Konflikten verlangt das Volk nach einem König, wie ihn die anderen Nationen hätten (vgl. 1. Sam 8), was ihm von Gott (widerwillig) gewährt wird. Mit König David ersteht Israel sogar eine Lichtgestalt auf dem Thron, da es ihm durch seine Eroberungszüge gelingt, aus Israel ein mächtiges Reich zu formen. Unter Davids Enkel allerdings zerfällt dieser Staat: Dessen nördlicher Teil (Israel) wird von den biblischen Erzählern weithin negativ beurteilt. Er hätte zu sehr unter dem kulturellen Einfluss fremder Völker gestanden und sei dem Ewigen untreu gewesen. Die von Gott gesandten Propheten konnten an diesem Zustand nichts ändern, so dass es nur folgerichtig schien, dass Israel dem neuassyrischen Reich zum Opfer fiel. Etwa 230 Jahre später ereilte den südlichen Teilstaat Juda allerdings ein ähnliches Schicksal: Der babylonische König Nebukadnezar eroberte 597/586 v.d.Z. Jerusalem und verbrannte den Tempel, das zentrale Heiligtum des Landes.

Skeptische historiographische Beurteilung der biblischen Darstellung

Kein Exodus? Die moderne Archäologie und Historiographie hat gegen die biblische Darstellung schwere Bedenken angemeldet. Die Existenz der Erzväter sei nicht zu belegen. Die frühen Vorfahren Israels seien Bewohner des kanaanäischen Berglandes gewesen, die je nach ökonomischer Situation Kleinviehzucht oder Ackerbau betrieben hätten und nach dem Zusammenbruch der Stadtstaaten in den Ebenen des Landes (um 1200 v.) in das dadurch entstehende Machtvakuum hineinstießen. Für den Auszug aus Ägypten ließen sich weder außerbiblische Quellen noch archäologische Belege finden. Er habe entweder gar nicht oder nur in sehr viel bescheideneren Ausmaßen stattgefunden, als es die Bibel glauben machen will.

Auch für eine militärische Eroberung Kana'ans gibt es keinerlei Indizien. Die im Buch Josua liebevoll erwähnten Orte Jericho und Ai (Jos 6–8) waren zur mutmaßlichen Zeit gar nicht besiedelt. Ähnlich skeptisch fällt das Urteil vieler Forscher bezüglich des Königreichs Davids aus: Die Bibel habe dessen geographische Ausmaße und politische Bedeutung erheblich überdimensioniert. Tatsächlich sei David (um 1000 v.d.Z.) lediglich Herrscher über Juda, ein peripheres, bäuerlich geprägtes Gebiet im Gebirgsland um Jerusalem gewesen. Ein bedeutendes Staatswesen mit einer zentralen Verwaltung sei für die fragliche Epoche nicht aufzuweisen. Ganz anders die Situation in dem von der Bibel so geschmähten nördlichen Bergland um die Stadt Sichem, wo sich der Teilstaat Israel entwickelte. Aufgrund der weitaus günstigeren geographischen, klimatischen und demographischen Bedingungen in jenem Teil Kana'ans gelang es ab dem 9. Jahrhundert v., dort ein aufstrebendes Staatswesen zu etablieren, welches, wie assyrische Zeugnisse belegen, um die Mitte des 9. Jahrhunderts v.d.Z. zu einem bedeutenden Machtfaktor in der Region aufstieg. Ein einheitliches Königreich unter den Königen David und Salomo (1000 bis 950 v.d.Z.) habe es möglicherweise nie gegeben.

Israel und Juda
(8. Jh. v.d.Z.)

> **Biblische Historiographie**
>
> Diese im weiten Feld der biblischen Historiographie eher skeptische Darstellung fußt vor allem auf Finkelstein/Silberman (2002), deren Urteile unterschiedlich gut begründet sind. Während man die Erzväter tatsächlich nicht zwingend für historische Personen halten muss, enthält der archäologische »Beweis« dafür, den Exodus als Fiktion einzustufen, einen Denkfehler. Er stützt sich nämlich auf das Fehlen von Spuren menschlicher Besiedlung an den von der Bibel genannten Orten auf dem Sinai, die jedoch an anderer Stelle als Anachronismus des 7. Jahrhunderts v.d.Z. bezeichnet werden. Die Reduktion des davidischen Königtums auf einen provinziellen Kleinststaat wiederum gründet sich auf eine grundsätzliche Umdatierung archäologischer Funde, die man nicht notwendig teilen muss. Folgt man der Rekonstruktion israelitischer Geschichte bei Finkelstein/Silberman, so muss das 7. Jahrhundert v.d.Z. beinahe alles hervorbringen, was die Bibel Interessantes zu bieten hat.

Untergang des Nordreiches Israel

Der Glanz des nördlichen Staates Israel währte nicht lange. Bibel und archäologische Funde berichten übereinstimmend von der schrittweisen Eroberung des Landes durch die (Neu-)Assyrer, die im Jahr 722 v.d.Z. mit dem Fall Samarias besiegelt war. Israels Untergang, so legen es archäologische Quellen nahe, führte zu einem nie da gewesenen Aufschwung im südlichen Königreich Juda. Flüchtlinge aus dem eroberten Israel kamen in Scharen und brachten ihr technisches, administratives und kulturelles Wissen mit. Juda entwickelte sich seit dem Ende des 8. Jahrhunderts zu einem »richtigen« Staat und Jerusalem zu einer echten Metropole. Sowohl das Nachdenken über Israels Zusammenbruch als auch das kulturelle Erblühen Judas mündete in eine große religiöse Reformbewegung, die Jerusalems Heiligtum, den Tempel, zu einem Zentrum der Verehrung des Ewigen werden ließ.

Babylonisches Exil

Aber auch das Glück Judas sollte keinen Bestand haben. Das assyrische Reich brach schnell zusammen und an seiner Statt stiegen die Babylonier zu Macht und Einfluss in Mesopotamien auf. Die Eroberungszüge Nebukadnezars (605–562 v.d.Z.) in die Levante ereilten schließlich auch das Königreich Juda, welches 597 zum ersten

Mal erobert und, nach einem Bruch der Vasallenverträge, im Jahre 586 v.d.Z. völlig zerschlagen wurde. Jerusalem und der Tempel lagen in Trümmern. Die intellektuelle Elite des Landes wurde nach Babylon deportiert (»Babylonisches Exil« von 597 bzw. 586 bis ca. 540 v.d.Z.). Dies hätte das Ende des Volkes Israel sein können – es gelang jedoch eine umfassende Neubesinnung, als deren Manifest große Teile der Hebräischen Bibel zu betrachten sind.

Religionsgeschichtliche Perspektive

Für die Entwicklung einer Nation und deren Kultur ist es nicht unbedingt von entscheidender Bedeutung, ob ein bestimmtes Ereignis »wirklich passiert ist« oder ob eine Person »tatsächlich« so gehandelt und geredet hat, wie man es ihr über Generationen hinweg zuschreibt. Oft sind diese Zuschreibungen so wirkmächtig, dass sie im Bewusstsein der Menschen eine eigene Art von Realität erlangen. Gleiches gilt für das jüdische Volk und seine Religion: Der Auszug aus Ägypten als Begründung des Verhältnisses zwischen Gott und Israel, die Gabe der Tora am Berg Sinai, die großen Heroen Mose und David haben die jüdische Geschichte geprägt – ob es sie nun so oder anders gegeben hat oder nicht. Dem Auszug aus Ägypten, der Verpflichtung Israels auf die Gebote am Sinai und dem Tempel Davids und Salomos zu Jerusalem hat die Macht der Erinnerung und der Erzählung eine ganz eigene Wirklichkeit verliehen. Grund genug, die biblische Geschichte noch einmal unter dem Aspekt der Entwicklung der jüdischen Religion zu betrachten.

Die Urahnen des jüdischen Volkes waren semitische Kleinviehzüchter, welche im Bergland Kana'ans Schafe und Ziegen hielten, im Bedarfsfall auch Ackerbau betrieben. Sie lebten in Familienverbänden, an deren Spitze ein Clanchef, der Patriarch, alle wesentlichen Angelegenheiten zu entscheiden hatte, weil er über das dafür nötige

Frühzeit

Wissen (Weideplätze, Brunnen, Familiengeschichte, um Inzest zu vermeiden) verfügte. Dazu gehörte auch die Kenntnis, wie der Familiengott – verantwortlich für den Nachwuchs bei Mensch und Tier, den Schutz vor Dämonen und Wetterunbilden – angemessen zu verehren sei. Die Viehzüchter verehrten mutmaßlich nur *einen* Gott, ohne jedoch die Existenz anderer Götter auszuschließen (*Henotheismus*). Beim Wechsel von der Winterweide in den Steppengebieten auf die Sommerweide, welche näher an den fruchtbaren Ebenen Kana'ans gelegen war, feierten sie ein Fest (Pessach), bei welchem zur Abwehr von Gefahren des Weges ein Jungtier geschlachtet wurde. Antike Bauern, ob nun Viehzüchter oder Ackerleute, lebten zumeist von der Hand in den Mund. Brach eine Seuche oder eine Trockenheit aus, konnten sie auf keinerlei Rücklagen zurückgreifen. Vor diesem Hintergrund erscheint es durchaus plausibel, dass kleine Gruppen semitischer Viehzüchter auf der Suche nach Wasser für ihre Tiere ins Nildelta gerieten und dort etwas erlebten, was sich im Laufe der Zeit zu einer Erfahrung der Errettung von Fronarbeit verdichtete. Auf heute nicht mehr nachvollziehbaren Wegen gelangte das Wissen um einen rettenden Gott vom Sinai nach Kana'an.

Mose empfängt die Tora auf dem Berg Sinai

Vorgeschichte: Vom Werden der Tora und Israels 27

> Die Errettung aus Ägypten, die man sich als eine erfolgreiche Flucht einer kleinen Gruppe ehemaliger Zwangsarbeiter aus dem von Grenzpatrouillen abgesicherten Ostdelta vorstellen kann, mag durchaus unter der Führung einer Persönlichkeit namens Mose (hebr. *Mosche*) erfolgt sein. Dafür spräche der für einen hebräischen Helden ungewöhnliche ägyptische Name (von Mss, Kind). Im Laufe der Traditionsbildung hätte die Figur Moses dann ein ganzes Bündel weiterer Funktionen an sich gezogen, von denen die des Gesetzgebers (des Mittlers der Tora Gottes) besondere Bedeutung erlangte.

Mose und der Exodus

Die beiden grundlegenden Erfahrungen, der Schutzgott Vieh züchtender Familien und der Rettergott ehemaliger Sklaven, verschmolzen miteinander. Ungewöhnlich an dieser werdenden Kultur ist die Tatsache, dass sie nicht – wie die meisten altorientalischen Kulturen – einen Staat voraussetzt und begründet, sondern die Befreiung von staatlicher Unterdrückung als eine ihrer Wurzeln hat. Dieser Umstand sollte der weiteren Entwicklung Israels eine besondere Dynamik verleihen.

Holzdruck des Tempels aus der »Mischne Tora« des Maimonides, Venedig 1524

28 Das Judentum

Übergang zur Staatenbildung

Eine erste Schwellenzeit in der Geschichte Alt-Israels dürfte um das Jahr 1200 v.d.Z., im Übergang von der Bronze- zur Eisenzeit anzusetzen sein, als die Stadtstaaten der Ebenen Kana'ans reihenweise zusammenbrachen und an der Küste ein fremdes Kulturvolk auftauchte: die Philister, nach denen das Land später Palästina (*Philistäa*) genannt werden sollte. Für die Bewohner des Berglandes, aus denen das Volk Israel hervorging, ergab sich einerseits die Chance, in das Vakuum vorzustoßen, welches die untergegangenen Städte hinterließen; andererseits erwuchs ihnen mit den philistäischen Küstenstädten ein neuer, machtvoller Konkurrent um den Besitz der fruchtbaren Tiefebenen Kana'ans. In jedem Falle eröffneten sich den ehemaligen Kleinviehzüchtern des Berglandes eine Fülle neuer kultureller Kontakte: sei es, dass sich die Bewohner der einstigen Stadtstaaten Kana'ans nun ebenfalls in Dörfern organisierten; sei es, dass sich die ehemaligen Berglandbewohner mit den Philistern auseinanderzusetzen hatten. Es vollzog sich ein Prozess kultureller Anpassung, in dessen Folge (wohl um das Jahr 1000 v.d.Z., in welches man König David datiert) ein oder zwei Staatengebilde entstanden, deren nördlicher Teil als Israel und deren südlicher Kern als Juda bezeichnet werden.

Staatskult versus Familiengott

Für die Kultur der einstmaligen Berglandhirten brachte dies schwerwiegende Veränderungen mit sich. Es wurde ein Staatskult mit festen Heiligtümern (der Jerusalemer Tempel in Juda; Bethel und Dan in Israel) installiert, der die Macht der Könige begründete und repräsentierte. Der von den Herrschern Israels und Judas verantwortete Kult nahm intensiv Anleihe bei vorderorientalischen Systemen: der König wurde als Mittler zwischen Gott und dem Volk gesehen, der Segen und Recht für sein Staatsgebiet garantierte. Der Kult wurde stellvertretend für den Herrscher von Priestern ausgeführt. Die Familienverbände und ihre Patriarchen verloren in dieser Konstruktion jede eigenständige Funktion. Somit entstand eine unauflösliche Spannung zwischen der »Staatsreligion« mit ihrer herrschaftsstützenden Aufgabe und der alten »Stammesverfassung« oder »Familienreligion«, welche durch die Exodus-Erfahrung noch dazu einen herrschaftskritischen Akzent aufwies. Soziale Konflikte, die sich aus der erblühenden Stadtkultur und ihrem königlichen Verwaltungs- und Fronsystem einerseits und der Landbevölkerung andererseits ergaben, verschärften den internen Gegensatz zwischen der →synkretistischen »Staatsreligion« und der Ein-Gott-Verehrung der ehemaligen Kleinviehzüchter. Zum Sprachrohr dieses sozialen und kulturellen Protests entwickelten sich (ab dem 8. Jahrhundert v.d.Z.) die biblischen Propheten, allen voran Männer wie Amos, Jesaja und Micha.

Der Zusammenbruch des Königreichs Israel (722 v.d.Z.) schien den prophetischen Mahnern Recht zu geben. Unter den gelehrten Eliten Judas, in einer Gruppe von schreibkundigen Beamten und Priestern, wuchs die Überzeugung, dass eine große Reform vonnöten sei, welche die Anliegen der Propheten (sozialer Ausgleich, ausschließliche Verehrung des Ewigen, Abgrenzung von fremden Kulten) mit dem judäischen Königtum in Einklang bringen sollte. Manifest dieser Reform ist die Grundschrift des Deuteronomiums, nach der man die gesamte Unternehmung als »Deuteronomische Reform« bzw. »Deuteronomische Theologie« bezeichnet. Aufgrund äußerst turbulenter politischer Entwicklungen blieb die Deuteronomische Reform jedoch in ihren Anfängen stecken. Auch Juda wurde 586 v.d.Z. erobert, der Tempel zu Jerusalem in Brand gesteckt. Die Geschichte des israelitischen Volkes schien an ihr Ende gekommen zu sein.

Epoche der Reformen und Untergang

2.2. Die Geschichte von Exil und Heimkehr

Exil und Perserzeit (von 587/86 bis 332 v.)

Die Bewohner Judas lebten die folgenden vierzig Jahre, von 586 bis 539 v.d.Z., unter völlig verschiedenen äußeren Umständen. Etliche von ihnen flohen nach Ägypten; über sie gibt es keinerlei historische Nachricht. Ein Großteil der Priester, Hofbeamten und der städtischen Oberschicht wurde nach Babylon deportiert; die Masse des Volkes verblieb jedoch vor Ort. Sowohl die Gruppe im Babylonischen Exil als auch die im ehemaligen Juda Lebenden schufen in jener Zeit eigene theologische Entwürfe und Reformansätze, welche die Vergangenheit bewältigen und die Zukunft vorbereiten sollten. Dabei griffen sie die Anliegen der deuteronomischen Reform auf und verbanden dies mit einer umfassenden Deutung der Geschichte Alt-Israels. Sie kamen dabei zu der überraschenden Erkenntnis, dass die nationale Katastrophe Judas *nicht* der Schwäche ihres Gottes geschuldet, sondern auf die Missachtung der Gebote des Ewigen durch das Volk zurückzuführen war.

Bund Gottes mit Israel

Dieser habe nämlich nach seiner Befreiungstat in Ägypten mit Israel einen Bund geschlossen, der auf Seiten Gottes die Gabe des Gelobten Landes, auf Seiten Israels die Befolgung der durch Mose am Sinai übermittelten Tora beinhaltete. Da jedoch das Volk sich nicht an die Gebote hielt und stattdessen lieber die Bräuche von Fremdvölkern übernahm, sei der Verlust des Landes und die nationale Katastrophe nur folgerichtig. Allein die konsequente Befolgung der Tora könnte *vielleicht* dazu führen, dass zukünftig eine Heimkehr möglich sei und ein neues Gemeinwesen errichtet werden könne. Bis dahin – so die Denker des Exils unisono – galt es, sich zur Tora zurück zu orientieren. Dabei gewannen vor allem diejenigen alten Bräuche an Bedeutung, die man ohne Tempel und sogar fern der Heimat praktizieren konnte: *Schabbat* und Beschneidung. Sie entwickelten sich zu »Bundeszeichen«, zu Gradmessern eines intakten Verhältnisses zwischen Gott und Israel.

Der *Schabbat* (wahrscheinlich von hebr. Ruhen; griech. Sabbat) könnte ursprünglich ein monatlich wiederkehrender Festtag gewesen sein, an dem man in die Heiligtümer oder zu Gottesmännern zog, um Orakel einzuholen (2 Kön 4,23). Vermutlich erst im Zusammenhang mit der deuteronomischen Reform oder gar der Exilstheologie verknüpfte man ihn mit der Sklavenzeit in Ägypten (Dtn 5,12–15) sowie mit der Ruhe Gottes nach der Weltschöpfung (in priesterlichen Kreisen, vgl. Gen 12,2–3) und bildete ihn zu einer wöchentlichen Arbeitsruhe um. Dies verschaffte dem Schabbat die entscheidende Aufwertung, die ihn zu einem Testfall der Beziehung zwischen Gott und Israel werden ließ. Seine präzise Ausgestaltung zu einem Tag umfassender Ruhe und Freude erfuhr der Schabbat vor allem durch die rabbinische Theologie. Mittels der so genannten Vierzig minus eins Hauptarbeiten, die dem Alltag vorbehalten bleiben sollten, und der liebevoll gestalteten drei Mahlzeiten schufen die Rabbinen eine Insel der Freude an Gott und Seinen Geboten, an der sich das jüdische Volk Jahrhunderte lang aufrichten konnte: die Königin Schabbat, die himmlische Braut des irdischen Israel.

Schabbat

Die Vorstellungen darüber, wie eine nationale Wiedergeburt konkret aussehen würde, gingen naturgemäß weit auseinander. Priesterliche Kreise sahen in einem korrekt ausgeführten Kult am Jerusalemer Tempel (vgl. vor allem das 3. und 4. Buch Mose) den Garanten für einen Neubeginn der Geschichte Israels mit Gott, während die deuteronomisch beeinflussten Denker eine sozial und politisch an der Tora ausgerichtete Gesellschaft konzipierten.

Neben der geschichtstheologischen Deutung der Katastrophe gelang der »babylonischen Gruppe« noch eine weitere wichtige Erkenntnis: Anders als zunächst befürchtet, fühlte diese sich in der Fremde doch nicht völlig »von Gott verlassen«. Sie meinten, Seine Präsenz und Begleitung zu spüren, und leiteten daraus die Erkenntnis ab, dass der Ewige nicht nur territorial begrenzt für das

Vom Henotheismus zum Monotheismus

Gelobte Land »zuständig«, sondern auch in Babylon und somit im gesamten bewohnten Erdkreis wirksam sei. Die »Universalisierung« des Gottesbegriffs leitete die theologischen Denker des Exils (allen voran Ezechiel und der anonyme Prophet, der in Jes 40–55 zu Wort kommt) von der Ein-Gott-*Verehrung* (*Henotheismus*) zu einem konsequenten *Monotheismus* (*Nur*-Ein-Gott-*existiert*): Wenn der Ewige für *alle* Völker verantwortlich ist, dann sind die von jenen verehrten anderen Götter »Nichtse« (Jes 44,9–20) – sie existieren nicht, sondern müssen als bloße handwerkliche Erzeugnisse fehlgeleiteter Menschen angesehen werden.

Zugleich erwuchs den Verbannten aus dieser Erkenntnis Hoffnung. Wenn *ihr* Gott tatsächlich den Erdkreis beherrschte, dann könnte Er sich fremder Mächte, zum Beispiel des aufstrebenden Perserkönigs Kyros (Jes 45,1–13), bedienen, um die Babylonier zu bestrafen und das Exil zu beenden. Wie einst beim Auszug aus Ägypten würde Er sein Volk befreien und in einem triumphalen Zug heimführen (Jes 43,14–21). Die Anwendung der alten geschichtlichen Ereignisse, allen voran des Exodus, auf die Deutung von Israels Gegenwart und Zukunft wurde zu einem bestimmenden Charakteristikum des jüdischen Denkens.

Heimkehr aus dem Exil

Die Erwartungen der Exilsgemeinde an den persischen König Kyros erfüllten sich bald nach dessen Sieg über die Babylonier im Jahre 539 v.d.Z. In seinem berühmten Edikt (das sogar in die Bibel Eingang gefunden hat, vgl. Esr 1,2–4) gestattete er den Verbannten die Heimkehr, die Wiedererrichtung des Tempels und ordnete die Unterstützung dieses Vorhabens an. Ganz anders indessen stand es um die hochgespannten Hoffnungen auf einen Zweiten Exodus, auf die triumphale Rückkehr in die Heimat. Tatsächlich vollzog sich diese nur höchst zögerlich (ab etwa 520 v.d.Z.). Auch ein begeisterter Empfang blieb aus. Die einstige Elite und ihre Nachkommen trafen vielmehr auf ein verarmtes Land, in dem sich die Zurückgebliebenen längst ohne ihre einstige Führungsschicht eingerichtet hatten. Dennoch wurde, wenn auch unter großen Mühen, der Tempel wieder errichtet und gegen heftige Widerstände eine Stadtmauer um Jerusalem gebaut.

Hebräische Bibel mit mikrografischen Seiten, vollendet 1343 (Genesis)

Anders als noch die Babylonier stellten die Perser den unterworfenen Völkern eine Teilautonomie entsprechend ihrer kulturellen Traditionen in Aussicht. Voraussetzung dafür war jedoch, diese Traditionen schriftlich niederzulegen, um sie als Teil des persischen Reichsgesetzes akkreditieren zu lassen. Es ist inzwischen fast *common sense*

Entstehung der Tora

der Gelehrten, dass dieses Ansinnen der Perser ein wesentlicher Katalysator für die Entstehung der Tora gewesen ist. Dazu war es nötig, die kontroversen Auffassungen über Vergangenheit und Gegenwart Israels miteinander zu harmonisieren. Das Bestreben, dem Tempelkult und den ethischen Visionen der nichtpriesterlichen Bevölkerung einen je eigenen Platz einzuräumen, ist in der Bibel allenthalben spürbar. Mehr noch: Die parallelen Strukturen einer Verehrung des Ewigen mit und ohne Tempel – letztere entwickelte sich unter den Bedingungen des zerstörten Heiligtums – blieben bestehen und sollten zu einer wichtigen Überlebenshilfe für das Judentum werden. Für die nächsten Jahrhunderte erweisen sich Tempel und Tora, der Priester und der Schriftgelehrte, als die bestimmenden Größen der judäisch-jüdischen Kultur.

Die Herrschaft der Griechen über Israel (von 332–164 v.d.Z.)

Mit dem Siegeszug Alexanders des Großen im östlichen Mittelmeerraum begann für die dort ansässigen Völker eine neue Epoche ihrer Geschichte, für die Gustav Droysen den Begriff *Hellenismus* geprägt hat. In Palästina gestaltete sich die Herrschaft der Makedonier (ab 332 v.d.Z.) zunächst recht chaotisch, da sich nach Alexanders frühem Tod (323) drei seiner Generäle, Ptolemaios, Seleukos und Antigonos, um den schmalen fruchtbaren Landstreifen zwischen Mesopotamien und Ägypten stritten. Erst im Jahre 301 v.d.Z. gelang es den makedonischen Beherrschern Ägyptens (»Ptolemäer«), sich für einhundert Jahre in Palästina zu etablieren, bis das Land im Jahre 200 v.d.Z. von den Herrschern des syrisch-mesopotamischen Raumes (»Seleukiden«) erobert wurde. Die griechischen Könige hielten zwar die eigene Kultur für schlichtweg allen anderen überlegen und förderten sie nach Kräften, tasteten aber das persische System der Verwaltung durch Teilautonomie kaum an. So kam es in Judäa zu einer zwiespältigen Entwicklung, da einerseits

Priestertum und Tempel als inneres Zentrum und Repräsentanz nach außen erhalten blieben, andererseits aber, vor allem in den Städten, griechische Kultur Raum griff. Das Steuerpachtsystem der hellenistischen Herrscher verschärfte den Gegensatz zwischen Stadt und Land. Zusätzlich entstanden allenthalben »Griechenstädte«, Kolonien von griechischen Immigranten oder ehemaligen Soldaten, welche nicht den »indigenen«, sondern griechischen Gesetzen folgten.

Palästina zur Zeit der Makkabäer (2. Jh. v.d.Z.)

Die Situation änderte sich, als die seleukidischen Könige Antiochos III. (223–187 v.d.Z.) und vor allem Antiochos IV. Epiphanes (175–164) in militärische Konflikte mit Rom gerieten. Schwere Niederlagen, wie in der Schlacht bei Magnesia 190, hatten katastrophale finanzielle Folgen, die auch an die unterworfenen Völker weitergereicht wurden. Rigide Steuerpolitik, Verkauf von Ämtern (wie das des Hohenpriesters zu Jerusalem) an den Meistbietenden und Eingriffe in das Vermögen der Heiligtümer waren indessen nur der Auftakt drastischer Reformen, die letztlich in eine Zwangshellenisierung mündeten. Um sein ethnisch heterogenes Reich zusammenzuhalten, verbot Antiochos IV. im Jahre 168/67 v.d.Z. autonomes Recht (zum Beispiel die Tora) insgesamt und weihte den Jerusalemer Tempel dem olympischen Zeus.

Der Aufstand der Makkabäer. Die Hasmonäerzeit (164 bis 63 v.)

Für national-konservative Gruppen innerhalb Judäas war mit dem Verbot der jüdischen Lebensweise das Signal zum Aufstand gegeben. Unter Führung einer Familie von Landpriestern, den *Hasmonäern*, formierte sich der bewaffnete Widerstand. Ziel der Rebellen war es, Jerusalem und den Tempel zu erobern und dort den rechtmäßigen Kult für den Gott Israels wieder einzuführen. Unter der Führung von Jehuda Maqqabi (lat. Judas Makkabäus, davon abgeleitet *Makkabäer* als Bezeichnung der Hasmonäer) gelang dies im Jahre 164 v.d.Z. tatsächlich, auch wenn der Erfolg hauptsächlich dem Umstand geschuldet war, dass die Seleukiden abwechselnd mit sich selbst (einem etwa hundertjährigen Thronfolgestreit) und den Römern beschäftigt waren. An die erfolgreiche Reinigung und Wiedereinweihung des Tempels zu Jerusalem erinnert seither das *Chanukka*-Fest.

Chanukka (von hebr. Einweihung) ist das einzige Fest der Makkabäerzeit, das bis heute Bestand hat. Seine ältesten Festlegenden (1 Makk 4, 36 ff. sowie 2 Makk 10,6–8) setzen allerdings ganz andere Bräuche voraus, als sie das heutige Chanukka prägen. Nach und nach wurde das Fest spiritualisiert, indem man eine neue Legende schuf, welche Chanukka zu dem noch heute üblichen »Lichterfest« wandelte: Nach der Rückeroberung des Tempels gab es kein reines Öl mehr, mit dem man die große Menora, den siebenarmigen Leuchter im Tempel, hätte betreiben können. Schließlich fand man doch ein kleines Krüglein Öl mit einem unversehrten Siegel darauf. Unverdrossen befüllte man die Menora damit – und, o Wunder, der Brennstoff reichte genau die acht Tage lang, die man zur Herstellung neuen Öls benötigte. Diese neue Festlegende findet sich erst im Babylonischen Talmud (5./6. Jahrhundert). Dort wird erstmals das »Lichterfest« beschrieben, wie man es noch heute feiert.

Chanukka-Fest

Chanukka-Leuchter (Saloniki, 18. Jh.)

Die Hasmonäer nutzten das Machtvakuum und führten die Eroberung Judäas auch dann fort, als sie ihr eigentliches Ziel, die Wiedereinführung der Tora und des Tempelkults, längst erreicht hatten. Nach dem Tode Judas (161/160 v.d.Z.) übernahmen dessen Brüder Jonathan

Hasmonäer und jüdische Oppositionsgruppen

(160–142) und Simon (142–134) die Führung im Krieg gegen die Seleukiden. Jonathan war es auch, der daranging, seine Macht institutionell abzusichern, indem er sich selbst zum Hohenpriester und damit zum Repräsentanten seines Volkes deklarierte. Diese Aktion war insofern skandalös, als die Hasmonäer zwar priesterlicher Herkunft waren, nicht aber der *hohen*priesterlichen Familie entstammten. Es ist gut möglich, dass sich wegen dieser beiden Entscheidungen (den Krieg weiter zu führen und das Hohepriesteramt zu übernehmen) innerjudäische Oppositionsgruppen bildeten, welche später als →(Qumran-)*Essener* und als →*Pharisäer* bekannt werden sollten. Simon ging in der Formulierung seines Machtanspruchs noch einen Schritt weiter: Zusätzlich zum Amt des Hohenpriesters bezeichnete er sich als *Ethnarch*, führte also erstmals seit der Zerstörung des Ersten Tempels im Jahre 587/86 v.d.Z. wieder ein nationales Königtum in Judäa ein.

Die zweite Generation der Hasmonäer griff in ihren Eroberungszügen weit über die Grenzen von Juda hinaus. Nach und nach brachten sie die umliegenden Gebiete, das Ostjordanland, Samaria, Idumäa, Galiläa und den Küstenstreifen in ihre Gewalt. Während die Bürger der Griechenstädte unterworfen, vertrieben oder versklavt wurden, fügte man die Bewohner der »indigenen« ländlichen Distrikte (Samaritaner, Idumäer, Galiläer) dem Volk Israel hinzu. Einer der Gründe für diese Unterscheidung mag gewesen sein, dass die meisten jener Bewohner ohnehin Semiten waren, welche die Beschneidung praktizierten. Die großflächigen Eroberungen, die monarchische Verfassung des Hasmonäerstaats, der sich als Dynastie zu etablieren begann sowie die »Eingemeindung« ganzer Völker unter die Tora hatte enorme Auswirkungen für den weiteren Verlauf der jüdischen Geschichte. Das Territorium Judas und die Anzahl seiner Bewohner wuchsen rapide; eine unbedeutende Provinz wurde zum Machtfaktor in der Region. Die jüdische Kultur, die Tora

Die wichtigsten jüdischen Strömungen der Hasmonäerzeit

	Pharisäer	Sadduzäer	Essener/Qumran
Name	Von hebr. *Paroschim* (genau Unterscheidende); evtl. Spottname hebr. *Peruschim* (Spalter)	Von hebr. *Zadok*, Hoherpriester Davids (2 Sam 8,17)	Von hebr. *Chassidim*, gräzisiert *Assidaioi*; Identität mit Qumrangruppe ist umstritten
Ursprung	Nationalkonservative Verfechter einer genauen Befolgung der Tora (Chassidim, »Assidaioi«)	Gruppe priesterlicher Aristokraten zu Jerusalem	Konflikt mit den Hasmonäern um die Besetzung/Ausübung des Hohenpriesteramtes (?)
Quellen	Josephus; Neues Testament (polemisch!) Mischna, →*Tosefta*	Josephus; Neues Testament (polemisch!)	Josephus, Philo (?), Qumran-Schriften
Struktur	Informelle Gruppen (*Chaverim*, hebr. Genossen) mit strenger Praxis persönlicher Reinheit	Eine durch Zugehörigkeit zu priesterlichen Familien konstituierte Gruppe	Um priesterliche Führungsfigur (Lehrer der Gerechtigkeit) gescharte Gemeinde, die sich als »wahres Israel« versteht; genau definierte Zugehörigkeit
Haltung zur Tora	Heiligung des Alltags Tora, deren Aktualisierung durch die »Überlieferung der Väter«	Vor allem am Tempel orientierte Frömmigkeit; keine Aktualisierung der Tora	Tora als Richtschnur strenger kultischer Heiligung der Person
Haltung zum Hellenismus	Gemäßigt antihellenistisch; hellenistische Kultur muss an der Tora überprüft werden	Gemäßigt prohellenistisch; was in der Tora nicht ausdrücklich verboten ist, ist erlaubt	Antihellenistisch; keine Teilnahme am kulturellen Leben der Mehrheitsgesellschaft
Ethos	Gemeinschaft der um die Heiligung des Alltags durch aktualisierte Tora Bemühten	Aristokratisch; Elite der Gesellschaft Reinheit durch Kult	Das »wahre Israel«, »Kinder des Lichts«, die im Krieg Gottes gegen das Böse siegen werden
Eschatologie	Auferstehung; gemäßigt apokalyptisch und messianisch	Lehnen die Auferstehung als nicht in der Tora enthalten ab	Tiefgreifend apokalyptisch geprägt; lebendige Messiaserwartung
Eigene Schriften	Keine; mündliche Überlieferung	Unbekannt	Schriften von Qumran

und der Tempel nahmen an Bedeutung zu, was einen gewichtigen Grund für das Überleben des Judentums in den kommenden Katastrophen abgegeben haben dürfte. Es scheint, als hätte dieses kurze nationalstaatliche Intermezzo, welches mit dem endgültigen Aufstieg Roms zur mediterranen Führungsmacht und der Selbstzerfleischung der Hasmonäer im Jahre 63 v.d.Z. zu Ende ging, das jüdische Volk daran gehindert, in größeren Ethnien aufzugehen – wie es so vielen anderen antiken Kulturen ergangen ist.

Die Römer und der jüdische Bürgerkrieg bis 70 n.d.Z.

Wie die griechische, so ließ sich auch die römische Okkupation Judäas zunächst gemächlich an. Innerhalb der hasmonäischen Herrscherfamilie kam es zum Streit um die Thronfolge. Beide Parteien riefen den römischen Senat zu Hilfe – und dieser entsandte seinen General Gnaeus Pompeius Magnus, der ohnehin gerade in Syrien war, wo er erfolgreich die Parther bekämpft hatte. Pompeius zog 63 v.d.Z. in Jerusalem ein und übernahm das Kommando. Die griechischen Städte wurden von judäischer Herrschaft befreit und in ihre alten Rechte eingesetzt. Anstatt jedoch damit den Bürgerkrieg zu beenden, verschärfte Pompeius den Konflikt, der sich im Schatten beständiger Vorstöße der Parther bis zum Jahre 40 v.d.Z. hinzog.

Herodes In jenem Jahr bestellte der römische Senat mit Herodes einen neuen Ethnarchen für das Land, allerdings mit der Maßgabe, sich das Territorium selbst zu erobern. Was Herodes auch tat. Mit Hilfe römischer und jüdischer Truppen vertrieb er die Parther; im Jahre 37 zog er in Jerusalem ein. Herodes gelang es, gestützt auf ein Netzwerk römischer und regionaler Patrone, das Land zu befrieden. Er organisierte Reformen und ein umfangreiches Bauprogramm, zu dessen Kernstücken der glanzvolle Ausbau des Tempels zu Jerusalem und der Hafen von Cäsarea gehörten, den er zum größten des Ostmittelmeerraumes machte. Innerhalb der jüdischen Bevölkerung jedoch war Herodes umstritten, da er aus Idumäa stammte und somit einem Volk zugehörte, das erst von den Hasmonäern judaisiert worden war. Konsequenterweise beteiligte Herodes denn auch die jüdischen Eliten von außerhalb Judäas, aus Idumäa, Galiläa oder Babylon, an der Macht und formte dadurch aus einem judäisch dominierten Gemeinwesen einen *jüdischen* Staat. Gleichzeitig förderte er die griechischen Kolonien; finanzierte (heidnische) Tempel, Gymnasien und Theater, was den Grundstein für künftige ethnisch-kulturelle Konflikte legte.

Als Herodes im Jahre 4 v.d.Z. starb, war seine Nachfolge eher unbefriedigend geregelt: Das Gebiet wurde unter seine Söhne aufgeteilt, wobei sich der durch die Erbfolge am meisten Begünstigte (Archelaos; er erhielt Judäa, Idumäa und Samaria) als dermaßen unfähig erwies, dass er bereits 6 n.d.Z. von den Römern abgesetzt werden musste. Sein Territorium wurde nun von den Römern direkt verwaltet, was neue Unruhen zur Folge hatte. Anders als noch Perser und Griechen, griffen die römischen Prokuratoren massiv in die kulturellen Belange Judäas ein. Wiederholt versuchten sie, »römische Standards« in Judäa durchzusetzen, indem sie etwa Feldzeichen oder die Bildnisse von Kaisern (so geschehen unter Caligula, 37–41) in Jerusalem aufzurichten bemüht waren. Agrarstreiks jüdischer Bauern, Massenaufläufe oder »Sit-ins« wurden zum Ausdruck des massiven Widerstands der Bevölkerung gegen die römische Hegemonie. Zum weiteren Stein des Anstoßes entwickelte sich das System der Prokuratoren selbst. In dem Bestreben, ihre relativ kurze Amtszeit zu nutzen, um sich für zukünftig höhere Ämter mit den dazu nötigen finanziellen Mitteln zu versorgen, pressten viele Prokuratoren ein Maximum an Steuern aus dem Land heraus und vergriffen sich auch schon mal am Jerusalemer Tempelschatz. Letzteres tat zum Beispiel der berüchtigte Prokurator Gessius Florus

(64–66), in dessen Amtszeit der Große Jüdische Aufstand (66–70) losbrach, der zum Untergang Jerusalems und des Tempels führte. Konflikte zwischen den Städtern und der Landbevölkerung, die unter der römischen Steuerpacht am meisten zu leiden hatte sowie der wachsende Hass zwischen griechischen und jüdischen Bewohnern der Provinz taten ein Übriges. Überall im Land flackerten blutige Auseinandersetzungen auf, bildeten sich Guerilla- und Räuberbanden, welche die Straßen unsicher machten. Aber auch gewaltloser Widerstand hatte Konjunktur. Propheten und Messiasse durchzogen Palästina. In Galiläa lehrte ein gewisser Jeschu'a aus Nazareth (ca. 6 v.d.Z.–30/33) die Armen und Deklassierten, dass die Herrschaft des Ewigen anbrechen würde, wenn sich die Besitzlosen nur miteinander solidarisierten.

Der Große Jüdische Aufstand

Doch wie so oft machte sich Gewaltlosigkeit nicht bezahlt. Das Land taumelte dem Abgrund entgegen und der skrupellose und grausame Prokurator Gessius Florus tat das Seine, um die Lage zu verschlimmern. Seine Amtszeit mündete direkt in den Großen Jüdischen Aufstand, der von Widerstandsgruppen unterschiedlicher Ausrichtung und Herkunft initiiert wurde. So setzte der Kommandant der priesterlichen Tempelwache Eleasar ben Chananja durch, dass die täglichen Opfer für Rom und den Kaiser am Tempel eingestellt wurden. Dies kam einer Kriegserklärung an Rom gleich, da diese Opfer die Anerkennung römischer Herrschaft symbolisierten. Etwa zur selben Zeit eroberten sozialrevolutionär orientierte Widerstandsgruppen galiläischer Herkunft die Festung Massada am Toten Meer und plünderten die dort lagernden Bestände an Waffen. In Jerusalem kam es zu Kämpfen zwischen aristokratisch dominierten Parteigängern einer Friedenspolitik mit Rom und den Aufständischen. Paläste und das Stadtarchiv, in welchem die Steuer- und Schuldverschreibungen aufbewahrt waren, gingen in Flammen auf. Die Lage wurde noch chaotischer, als einer der Eroberer von Massada, Menachem ben Juda Galiläus, an der Spitze seiner Anhänger in Jerusalem einzog und den Anspruch erhob, König eines unabhängigen Israel zu sein. Nun bekämpften sich die Aufständischen auch untereinander. In den Provinzen brachen Pogrome aus. Griechische und jüdische Bewohner von Cäsarea, in Galiläa, auf dem Golan und in Syrien massakrierten sich gegenseitig und trugen dazu bei, dass sich der Aufstand im ganzen Land verbreitete.

Rom musste reagieren und tat dies zunächst in der Gestalt des Legaten von Syrien (Cestius Gallus), der jedoch mit seinen Truppen in einen Hinterhalt Aufständischer geriet und sich nach schweren Verlusten zurückziehen musste. Nun entsandte der in jenen Jahren amtierende Kaiser Nero einen seiner erfolgreichsten Generäle, Titus Flavius Vespasianus, in die Unruheprovinz. Im Frühjahr 67 zog Vespasian drei Legionen nebst Hilfstruppen zusammen und marschierte in Galiläa ein. Der Widerstand brach schnell zusammen. Da Vespasian nach der Taktik der »Verbrannten Erde« vorging, wurde die entwurzelte Landbevölkerung in Scharen nach Jerusalem hineingedrückt, so dass sich die Situation dort massiv verschlimmerte. Nach einer kurzen Unterbrechung (69 bis Anfang 70), während derer Vespasian römischer Kaiser wurde, setzte dessen Sohn Titus die militärische Kampagne gegen Jerusalem fort. Nach sechsmonatiger Belagerung fiel die Stadt. Der Tempel ging in Flammen auf und die Stadt versank in Blut. Vorsichtige Schätzungen sprechen von bis zu einem Drittel der Bevölkerung, das dem Aufstand zum Opfer fiel. Die wenigen zeitgenössischen jüdischen Schriften, darunter die Darstellung des Flavius Josephus, ca. 38– nach 100, in *Bellum Judaicum* (Der jüdische Krieg), vermitteln das Bild einer umfassenden Katastrophe und anschließender tiefer Depression. Die Ära des um den Tempel gescharten jüdischen Volkes war unwiderruflich zu Ende.

2.3. Profile des biblischen Israel: Tora, Tempel und Gelobtes Land

Der Bund Gottes mit Israel

Die tiefe Krise, in die das Volk Israel geraten war, als die Babylonier 586 v.d.Z. Jerusalem und den Tempel vernichtet hatten, wurde von den biblischen Theologen mit einer bis dato beispiellosen Geschichtsdeutung bewältigt. Das Wohnen im Lande Kana'an, so das Konzept, darf nicht als Selbstverständlichkeit angesehen werden, sondern ist an den Gehorsam Israels gegenüber den Geboten des Ewigen gebunden. In dem am Sinai zwischen Gott und Volk geschlossenen Bund verpflichtete sich Israel zur alleinigen Verehrung seines Gottes, welcher sie zuvor aus der Sklaverei befreit hatte. Im Gegenzug versprach der Ewige, sich Israels anzunehmen und ihm das Land Kana'an zu überlassen. Doch allzu bald, so die biblische Erzählung, kam es zu empfindlichen Störungen des Vertragsfriedens. Israel zog es vor, sich an den Bräuchen anderer Völker zu orientieren und deren Götter zu verehren. Um das Volk vor den Folgen solcherlei Tuns zu warnen, entsandte der Ewige Propheten, deren Mahnungen jedoch kein Gehör fanden. Der Verlust der Heimat, der Zusammenbruch des Königtums in Israel und Juda, das Babylonische Exil waren die logische Folge der Missachtung des Bundes und seiner Gebote.

Dieser geschichtstheologische Entwurf, im Deuteronomium und den Büchern der Richter, Samuel und Könige ausgeführt, sollte das jüdische Denken für Jahrhunderte prägen und auf immer neue Krisen und Katastrophen Anwendung finden. Wieder und wieder wurde dies Paradigma zur Deutung wechselnder Situationen herangezogen und begründete zugleich die Hoffnung, dass bei einer Rückkehr Israels zu den Weisungen des Ewigen ein Zweiter Exodus, die Sammlung Israels aus den Ländern des Exils und die Rückgewinnung der Heimat möglich würde. Die biblischen Autoren dieses geschichtstheologischen Schemas schufen somit nicht nur eine Erklärung für die eine oder andere Katastrophe, sondern zeigten eine Hoffnung auf, die es dem jüdischen Volk ermöglichte, trotz äußerer Widrigkeiten an seiner Identität festzuhalten.

Die Hebräische Bibel

Die bedeutendste schriftliche Urkunde Israels bzw. des frühen Judentums ist ohne Zweifel die Hebräische Bibel. Bis zum 7. Jahrhundert, als unter dem Einfluss des Islam spezialisierte Formen von jüdischer Literatur (philosophische, liturgische, medizinische Autorenwerke) entstanden, war sie das alleinige Gravitationszentrum jüdischen Denkens. Kaum ein Werk jüdischer Feder, nicht einmal die uns erhaltenen Beispiele hellenistischer Schriftsteller, verzichtete auf den intensiven Bezug zur Bibel und ihren Haupthelden. Der Großteil jüdischer Literatur bis zum 7. Jahrhundert war anonym oder kollektiv gefasst, um dem Anspruch auf Nähe zur Bibel gerecht zur werden.

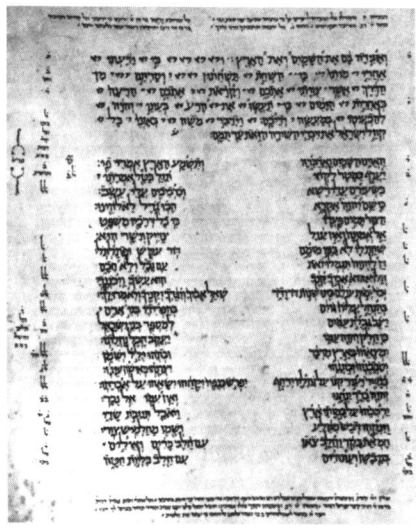

Der Aleppo-Kodex, eine der bedeutendsten Handschriften der Hebräischen Bibel (920)

Die Hebräische Bibel wird, im Unterschied zum christlichen Alten Testament, das sich am Aufbau der →*Septuaginta* orientiert, in drei Hauptteilen angeordnet. Nach deren Anfangsbuchstaben *Tora* – *Nevi'im* (Propheten) – *Ketuvim* (Schriften) bezeichnet man sie auch als *TaNaKh*. Dabei bildet wiederum die Tora, der mutmaßlich älteste Teil des Gesamtwerks (5./4. Jahrhundert v.d.Z.), das Kernstück. Hier wird die »eigentliche« Offenbarung des Ewigen geboten. Alles, was darüber hinaus, zum Beispiel von den Propheten, gesagt werden kann, ist bereits Auslegung der Tora (vgl. Dtn 18,15–18). Der zweite Teil der Hebräischen Bibel (*Nevi'im*; 3./2. Jahrhundert v.d.Z. kanonisiert), gliedert sich in zwei Teile, die Vorderen (Bücher Jos bis 2 Kön) und die Hinteren Propheten (Jes bis Mal). Der Sinn dieser Anordnung besteht darin, die Propheten als Interpreten der Tora auszuweisen. Ihre Aufgabe ist es, Israel an die Gebote des Ewigen zu erinnern und die Tora in wechselnden Situationen zu aktualisieren. Der dritte Teil der Hebräischen Bibel (Ketuvim) beinhaltet die menschliche Antwort auf die Offenbarung Gottes (Tora) und deren Auslegung (Nevi'im). Der einzelne Mensch kommt zu Wort, wie zum Beispiel Hiob, der sich mit seinem Schicksal herumschlägt und beim Ewigen um Hilfe einkommt. Unter den *Ketuvim* finden sich auch diejenigen Bücher, welche die jüdischen Feste begleiten (→*Megillot*) und somit eine menschliche Reaktion auf Gottes Wohltaten formulieren.

Deuterokanonische Literatur

Die jüdisch-hellenistischen Schriften (3. Jahrhundert v.d.Z. bis 1. Jahrhundert n.d.Z.), die keine Aufnahme in den biblischen Kanon gefunden haben, bezeichnet man als Schriften des Zweiten Tempels bzw. als *deutero-[nach-]kanonische Literatur*. Sie beschäftigen sich auf höchst unterschiedliche Weise mit der Hebräischen Bibel und der Geschichte Alt-Israels. So finden sich in der deuterokanonischen Literatur Texte, welche die Inhalte bestimmter biblischer Bücher (vor allem die Tora) noch einmal eigenständig darbieten, wie etwa das Jubiläenbuch (um 160 v.d.Z.) oder die Tempelrolle (11Q 19–20) der Qumrangemeinde. Andere Schriften orientieren sich nur stilistisch (Tobit, um 200 v.d.Z.) und personell (Joseph und Asenet) an der Bibel oder setzen deren historische Erzählung fort (1 Makk). Daneben entstehen jedoch Werke, die als Nevi'im oder Ketuvim (so Ben Sira, 2. Jahrhundert v.d.Z. oder Weisheit Salomos, 1. Jahrhundert n.d.Z.) aufgefasst werden könnten – wenn man sie denn im Kanon gewollt hätte. Eine besonders auffällige Gruppe der Literatur des Zweiten Tempels umfasst die jüdische Apokalyptik.

Als *Apokalyptik* (von griech. *apokálypsis*, Enthüllung) bezeichnet man eine geistesgeschichtliche Strömung, die innerhalb des Judentums etwa ab dem 3. Jahrhundert v.d.Z. (das »Buch der Wächter«, 1 Hen 1–19.36) durch ihre Schriften sichtbar wird. Kennzeichen apokalyptischer Literatur sind ihre Anonymität (sie geben vor, geheimes Wissen biblischer Personen wie Henoch, Baruch oder Esra zu präsentieren), detaillierte Darstellungen und Berechungen der Endzeit, Engel- und Dämonenlehre, eine dualistische und deterministische Auffassung vom Ablauf der Geschichte sowie oft enzyklopädische Darbietungen astronomischen, astrologischen und geographischen Wissens. Zu den wichtigen frühen apokalyptischen Werken gehören 1. Hen (auch äthHen), Daniel und 4 Esra.

Apokalyptik

Mit dem Danielbuch reicht die *Apokalyptik* bis in die Hebräische Bibel hinein. Sie verdient besondere Aufmerksamkeit, weil sie sich um die Bewältigung einer Krise bemüht, die in der normativen Geschichtstheologie Israels wurzelt. Diese hatte das Wohlergehen Israels untrennbar mit dem Gehorsam gegenüber Gott und seinen Geboten verknüpft. Wie aber sollte der einzelne Fromme oder eine Gruppe eifriger Anhänger der Tora die Tatsache bewerten, dass es dem Gerechten oft *eben nicht* gut ging, während offenkundige Frevler straflos ausgingen? Schon die biblischen Bücher Hiob und Kohelet (Prediger) schlagen sich mit diesem Problem herum, ohne eine befriedigende Lösung anbieten zu können.

Auf dieses Dilemma reagiert die apokalyptische Theologie mit einem mythisch gefärbten Konzept zur Deutung der Geschichte. Sie rechnet mit der Existenz von dämonischen Mächten (gefallene Engel oder Hybride aus Engeln und Menschen), denen von Gott für eine genau vorherbestimmte Zeit die Herrschaft über die Welt überlassen worden ist. Der einzelne Gerechte oder eine Gruppe von Frommen muss sich in jener Epoche der Drangsal durch Leiden bewähren, um am Jüngsten Tag oder in einem Leben nach dem Tod schließlich doch noch belohnt zu werden. Mit dieser mythischen Konstruktion gelang es, die Einhaltung der Tora trotz widriger Erfahrungen im Alltag als sinnvoll und lohnend zu begründen. Hierin wurzelt der Erfolg des apokalyptischen Denkens, das nach und nach, wenn auch in unterschiedlicher Intensität, fast alle Strömungen des Judentums erfasste.

Mose – Vom Rebellen zur Stifterfigur

Keine andere Gestalt der jüdischen Geschichte und Literatur hat so vielfältige Traditionen auf sich gezogen wie Mose. Schon in der Bibel werden ihm zahlreiche Ämter und Funktionen zugeschrieben, hinter denen die historische Gestalt – wenn man Mose als solche anerkennen möchte – kaum noch erkennbar ist. Als ursprüngliche Schicht unter den vielfältigen Übermalungen mag gelten, dass ein Mensch mit auffällig ägyptischem Namen und einer nicht-israelitischen Frau (vgl. Num 12,1) eine Gruppe von rebellischen Fronarbeitern erfolgreich aus dem Ostdelta herausführte, den Erfolg seiner Mission (die Einwanderung nach Kana'an) selbst jedoch nicht mehr erleben konnte (Dtn 34,1–9). Neben seiner Funktion als Anführer misst ihm die Bibel auch kultische (Ex 24, Lev 8), richterliche (Ex 18) und prophetische (Num 11 und 12) Aufgaben zu. All dies wird überstrahlt durch Mose, den Lehrer und Gesetzgeber Israels. Er tritt als Mittler zwischen den Ewigen und sein Volk und empfängt die Gebote Gottes, die er an Israel weitergibt (Ex 19, Dtn 5). Als Künder der Weisungen des Ewigen (der Tora) ist er der schlechthin größte Prophet (Dtn 18,15–18; Dtn 34,10), Vorbild und Richtschnur aller künftigen Prophetie.

In der Literatur des Zweiten Tempels wachsen Mose, auch wenn dies kaum mehr möglich scheint, weitere Funktionen und Profile zu. Unter ihnen ist das Bemühen der apokalyptischen Autoren besonders auffällig, den Rebellen und Gesetzgeber zu einem der ihren werden zu lassen. So präsentiert die *Assumptio Mosis* (AssMos), eine jüdische Apokalypse aus dem 1. Jahrhundert n.d.Z., Mose in den Farben eines Apokalyptikers, der für die Zukunft schreckliche Leiden und eine göttliche Genugtuung für die treu ausharrenden Märtyrer ankündigt. Den hellenistisch-jüdischen Historikern (wie Eupolemos, 2. Jahrhundert v.d.Z., Artapanos, vor 100 v.d.Z., und Josephus) galt Mose als Kulturstifter und einer der ältesten Weisen der Menschheitsgeschichte. Er dient vor allem dazu, die Würde und Überlegenheit der jüdischen Kultur durch ein hohes Alter abzusichern und Israel im Reigen der großen Völker der Antike (vor allem Hellas und Ägypten) einen angemessenen Platz zu sichern. In diesem Bestreben wird dann durchaus schon mal über das Ziel hinausgeschossen – wenn etwa Artapanos in seinem »Moseroman« Mose zum Pionier der gesamten ägyptischen Kultur stilisiert, der die Waffentechnik, Verwaltung und Landwirtschaft revolutioniert, die Hieroglyphen entwickelt sowie den Katzen- und Ibiskult erfindet.

Das vielleicht stringenteste hellenistische Porträt Moses bietet der jüdische Philosoph und Bibelinterpret Philo von Alexandrien (ca. 10 v. bis 45 n.d.Z.). In seiner *Vita Mosis* beschreibt er Mose als unvergleichlichen König, Gesetzgeber, Priester und Propheten. Die von ihm vermittelten Gesetze sind von unermesslichem Wert für die gesamte Menschheit und haben ewige Gültigkeit. Mose selbst steht als leuchtendes Exempel für die Mission des gesamten jüdischen Volkes, die Menschheit die rechte Verehrung Gottes und das wahre Gesetz zu lehren. Mit Anbruch der Endzeit, so hoffte und erwartete Philo, werden sich die Weltvölker Mose und seiner Tora zuwenden und ihr Folge leisten.

3. Das rabbinische Judentum (bis 7. Jahrhundert)

3.1. Die Geschichte vom Werden des Judentums

Der vergebliche Aufstand gegen die römischen Besatzer (66–70/73), dem noch eine weitere, blutig niedergeschlagene Revolte (Bar-Kochba-Aufstand ca. 132–135) folgen sollte, bedeutete nicht nur das vorläufige Ende aller Hoffnungen auf eine nationale Wiedergeburt des jüdischen Volkes. Die Vernichtung des Tempels und die Zerstörung Jerusalems erforderten vielmehr eine grundlegende Neuorientierung jüdischer Kultur und Religion, die sich an den verbleibenden Elementen – Tora und Gebet – aufrichtete. Die Erfahrungen des Babylonischen Exils, bei denen es schon einmal geglückt war, den Verlust von nationaler Autonomie und des kultischen Zentrums zu verarbeiten, waren zweifellos eine wichtige Hilfe für dieses Unternehmen. Auf den Trümmern der antirömischen Aufstände entwickelte sich in den folgenden Jahrhunderten eine Form des Judentums, wie sie noch heute weithin Bestand hat. *Tora*, das an der Halacha ausgerichtete Leben und *Synagoge*, die Versammlung zum täglichen Gebet, wurden zu neuen Gravitationszentren der jüdischen Kultur.

Die klassische Geschichte –
wie die Rabbinen sich selbst sahen

Als die Römer im Jahre 70 n.d.Z. Jerusalem belagerten, so erzählt die rabbinische Haggada (zum Beispiel in Git 56a.b), ließ sich der Toragelehrte Jochanan ben Sakkai in einem Sarg aus der Stadt schmuggeln und vor den Feldherrn Vespasian bringen. Er verhieß dem verdutzten Römer die Kaiserwürde und durfte im Gegenzug einen Wunsch äußern. Jochanan erbat die Erlaubnis, die Gelehrten sammeln zu dürfen, um in Javne eine Schule und einen Gerichtshof zu gründen. Dies war die Geburtsstunde des rabbinischen Judentums und der Schlüssel für das Überleben des Judentums. Von einigen offenkundigen Anachronismen wie der Verwechslung von Titus und Vespasian abgesehen, hat die Wissenschaft diese Darstellung bis zum Ende des 20. Jahrhundert für zutreffend gehalten. Das Verdienst der Neuformierung des Judentums nach der Katastrophe wurde der rabbinischen Bewegung zuerkannt, welche den Verlust von Tempel und Priestertum durch Synagoge und Toragelehrsamkeit kompensiert habe. Dabei hätten die Rabbinen vor allem an Grundpositionen der →*Pharisäer* angeknüpft, die mit der Heiligung des Alltags durch die Tora über ein Konzept verfügten, welches für die anstehenden Aufgaben besonders geeignet war.

Synagoge Der Begriff *Synagoge* (von griech. *synagogé*, Versammlung) bezeichnete zunächst lediglich das Zusammenkommen zu einem bestimmten Zweck, nicht aber ein dazu genutztes Gebäude. Die Ursprünge einer als *synagogé* bezeichneten Versammlung zum Gebet oder zur Lesung und Auslegung von Tora sind schwer zu bestimmen. Möglicherweise entstand sie im Babylonischen Exil als Ersatz für den Tempel (wofür es aber keine klaren Belege gibt) oder in der Diaspora während der ersten Jahrhunderte v.d.Z. Die älteste Bezeichnung für ein Versammlungsgebäude entstammt der ägyptischen Diaspora des 3. Jahrhunderts v.d.Z. und lautete *pros'euché* (griech. Gebet), was auf das Gebet als Anlass der dortigen Zusammenkunft deutet. Aus antiken Quellen geht hervor, dass es sowohl private als auch kommunale Synagogen gab, die etwa ab dem 1. Jahrhundert n.d.Z. auch in Palästina anzutreffen waren. Aus der ägyptischen Diaspora derselben Zeit stammen die ältesten Berichte über Lesungen und Studium der Tora in den Gebetshäusern. In späteren Jahrhunderten erfüllten die Synagogen drei essentielle Funktionen: Sie dienten als Raum für den Gottesdienst, das Studium (→*Bet Midrasch*) und der gemeindlichen Versammlung.

Rabbi Jochanan ben Sakkai, so fährt die klassische Darstellung fort, sei indessen von großen Teilen des jüdischen Volkes nicht dauerhaft als Oberhaupt tragbar gewesen, da man ihn für einen Kollaborateur der Römer gehalten habe. Deshalb wurde er zwischen 80 und 90 durch Rabban Gamaliel II. ersetzt, der, von Juden und Römern gleichermaßen anerkannt, in ein neues Führungsamt aufstieg. Dieses Amt, mit dem alten biblischen Titel *Nassí* (hebr. der Erhabene, oft etwas zweifelhaft mit »Patriarch« übersetzt) bezeichnet, löste den Hohenpriester als obersten Repräsentanten Israels ab. Der Nassí sei für die Vertretung des jüdischen Volkes nach innen und außen, die Bestellung von Gelehrtenschülern zu Rabbinen sowie für die Leitung der wichtigsten Institutionen, des rabbinischen Gerichtshofes (→*Sanhedrin*) und des Lehrhauses (→*Bet Midrasch*) zuständig gewesen.

Nassí, Sanhedrin und Bet Midrasch

Bereits im ersten Jahrhundert habe die rabbinische Bewegung Entscheidendes für die weitere Entwicklung des Judentums geleistet: Neben der Etablierung einer auf der Tora basierenden jüdischen Rechtsprechung und einer Selbstverwaltung durch Nassí und die Gelehrten wurde eine Gottesdienstordnung für die Synagoge entwickelt, welche das Gebet programmatisch an die Stelle von Kult und Opfer setzte. Des Weiteren sei, auch in Abgrenzung von dissidenten jüdischen Strömungen wie den Judenchristen, der genaue Umfang des biblischen Kanons bestimmt worden. Seine größte Anerkennung habe das Amt des »Patriarchen« unter Rabbi Jehuda ha-Nassí (starb um 216) erreicht. Er herrschte unangefochten über *Sanhedrin* und Lehrhaus. Ihm gelang es auch, die katastrophalen Folgen des zweiten antirömischen Aufstandes unter Simon bar Kochba (ca. 132–135) zu bewältigen, der den Tod einer ganzen Gelehrtengeneration, unter ihnen des berühmten Rabbi Akiba, zur Folge gehabt haben soll. In Reaktion auf diese Gefährdung der rabbinischen Tradition habe Rabbi Jehuda die Verschriftung des bis dahin nur mündlich weitergegebenen Wissens betreiben, welches in die →*Mischna*, das grundlegende Kompendium der rabbinischen Halacha, mündete.

Die Stabilisierung jüdischen Lebens in Palästina unter Jehuda ha-Nassí, wegen seiner überragenden Bedeutung auch schlicht »Rabbi« genannt, sei allerdings nur von kurzer Dauer gewesen. Die umfassende politische, ökonomische und militärische Krise, in welche das Römische Reich im 3. Jahrhundert geriet, hinterließ auch im Heiligen Land tiefe Spuren. Die jüdische Bevölkerung nahm während der Epoche der »Soldatenkaiser« rapide ab. Viele wanderten aus, manche von ihnen in das Perserreich, so dass die jüdische Kolonie dort (die »babylonische Diaspora«) sehr an Bedeutung gewann. Die Christianisierung des Römischen Reiches, die unter Kaiser Konstantin (er herrschte 305/324–337) einsetzte, förderte diesen Prozess. Die christlichen Kaiser zeigten ein hohes Interesse am Heiligen Land. Kirchenbauten und Pilgerfahrten zu den Stätten des Lebens und Leidens Jesu sowie eine wachsende Zuwanderung von Christen nach Palästina führte zu einer Beeinträchtigung jüdischer Besiedlung dort. Als das Christentum unter Kaiser Theodosius I. (380) schließlich zur Staatsreligion des Römischen Reiches avancierte, verstärkten sich trotz kaiserlicher Verbote christliche Übergriffe auf Synagogen, wurden die Juden zunehmend rechtlich diskriminiert.

Die skeptische Geschichte:
Die Rabbinen im Blick der kritischen Wissenschaft

Seit den 1980er Jahren deutet sich in der Bewertung der rabbinischen Historiographie ein Paradigmenwechsel an. Dieser ist vor allem darauf zurückzuführen, dass man die rabbinischen Quellen differenzierter betrachtet und zudem frühchristliche und römische Schriften, vor allem aber die modernen archäologischen Befunde konsequenter in die Deutung dieser Quellen einbezieht.

Rabbinische Literatur

Die für eine Beschreibung der Ereignisse zur Verfügung stehenden rabbinischen Schriften werden zunächst hinsichtlich ihres geographischen Ursprungs in palästinische und babylonische Quellen unterteilt, wobei in die Darstellung der Geschichte des Heiligen Landes neuerdings ausschließlich palästinische Texte einbezogen werden. Ferner wird die Entstehungszeit der Quellen stärker berücksichtigt, wobei man die folgende traditionelle Periodisierung zugrunde legt: Die rabbinischen Schriften des 1. bis zum Anfang des 3. Jahrhunderts bezeichnet man als *tannaitisch* (von aram. *tanna*, in etwa »lernen durch Wiederholen«). Die rabbinischen Texte, die zeitgleich (3./Anfang 6. Jahrhundert) zu den Traditionen entstanden, welche in den beiden Talmudim zusammengefasst sind, werden *amoräisch* (von hebr. *'amar*, sprechen) genannt. Die darauf folgenden Generationen von Gelehrten, welche den Babylonischen Talmud redigierten und verbreiteten, bezeichnet man als *Saboräer* (von *sabar*, meinen; 6./7. Jahrhundert) beziehungsweise *Geonim* (von hebr. *Gaon* erhaben; bis 11. Jahrhundert). Legt man diese Periodisierung sowie die geographische Zuordnung den rabbinischen Schriften zugrunde, so ergibt sich, dass als Quellen für die Entstehung der rabbinischen Bewegung vor allem die →*Mischna* und die →*Tosefta* in Frage kommen.

Folgt man bei der Beschreibung des Judentums im 1. und 2. Jahrhundert diesen methodischen Prämissen, so ergibt sich ein wesentlich verändertes Bild der Lage. Im Unterschied zur traditionellen Historiographie lässt sich der nahtlose Übergang von den →*Pharisäern* auf eine klar umrissene rabbinische Bewegung nach dem Jahre 70 nicht belegen. Die tannaitischen Quellen bieten darüber hinaus keine Evidenz für die Existenz eines zentralen rabbinischen Gerichtshofes (Sanhedrin) oder eines allgemein anerkannten Nassí, der als Ersatz für den Hohenpriester das jüdische Volk repräsentiert hätte. All diese Institutionen können frühestens in das 3. Jahrhundert datiert werden. Die rabbinische Darstellung der eigenen Anfänge scheint einer Revision zu bedürfen.

Beiden Positionen, der traditionell-rabbinischen wie der skeptisch-kritischen, ist zunächst gemeinsam, dass die Konsequenzen der antirömischen Aufstände von 66–70 sowie 132–135 als außerordentlich gravierend beschrieben werden. Das Ausmaß an Zerstörung des Landes und der Entvölkerung durch Tod, Versklavung und Flucht ist kaum zu überschätzen. Weitgehend gegensätzlich werden indessen die Folgen dieser Katastrophe(n) dargestellt. Die rabbinische Historiographie schafft mit der Flucht Jochanan ben Sakkais aus dem belagerten Jerusalem direkte Übergänge und vermittelt somit ein »Jetzt-erst-recht«-Gefühl als Grundstimmung jener Epoche.

Rabbinen als marginale Gruppe?

Im Gegensatz dazu hält die skeptische Position dafür, dass es in den ersten beiden Jahrhunderten zu einer spürbaren *Abkehr* vom Judentum gekommen sein könnte. Die werdende rabbinische Bewegung hätte innerhalb der jüdisch-palästinischen Bevölkerung nur eine marginale Position innegehabt und sich erst Jahrhunderte später in Babylon zu jener Führungskraft des Volkes entwickeln können, als die sie sich in den eigenen Schriften präsentierte. Im fraglichen Zeitraum hingegen müsse man sich die Rabbinen vielmehr als ein informelles Netzwerk von Gelehrten vorstellen, die sich einer bestimmten Interpretation der Tora verpflichtet fühlten. Je nach ihrem sozialen Prestige, welches auf der Kenntnis der Tora und ihrer Auslegung fußte, konnten sie mehr oder weniger Schüler an sich binden, denen sie in einer oft viele Jahre dauernden Lehr- und Dienstzeit ihre Traditionen vermittelten. Erreichte ein Gelehrtenschüler bei seinem Meister, seinen Mitstudenten oder der Bevölkerung hinreichend Anerkennung, so konnte er seinen Lehrer verlassen und andernorts als →*Rabbi* tätig werden. Rabbinische Toragelehrte wirkten in vielen Orten Galiläas und (bis zum Bar-Kochba-Aufstand) Judäas; in größeren Städten lebten auch mehrere gleichzeitig. Viele von ihnen waren auf ein Handwerk zum Broterwerb angewiesen. Die wenigsten Rabbinen hatten offizielle Ämter in den jüdischen Kommunen inne oder waren so wohlhabend, dass sie sich ausschließlich dem Torastudium widmen konnten. Auch wenn die rabbinischen Gelehrten in kommunalen Synagogen gepredigt oder in Lehrhäusern unterrichtet haben mögen, dürften sie in den ersten Jahrhunderten diese weder kontrolliert noch tiefgreifend beeinflusst haben.

Die Argumente, welche von der modernen Historiographie zugunsten ihrer Sicht angeführt werden, beschränken sich nicht auf das Fehlen bestimmter Institutionen in den tannaitischen Schriften. Sie fußen einerseits auf römischen Rechtstexten und literarischen Quellen, andererseits auf archäologischen Erkenntnissen, die insbesondere von der jüdischen Stadtbevölkerung ein Bild vermitteln, das mit der rabbinischen Sicht auf die Dinge nicht zu vereinbaren ist. So haben zum Beispiel Münzfunde und Mosaiken in den mehrheitlich jüdisch besiedelten Städten Tiberias, Sepphoris und Lydda überwiegend paganen Charakter. Götterstatuen, Mosaiken mit Dionysosmotiven, Theater und Bronzemünzen, auf denen Kaiser, die Schicksalsgöttin Tyché oder Zeus abgebildet sind, lassen darauf schließen, dass es trotz des biblischen Bilderverbots keinen Unterschied zwischen diesen Städten und der graeco-romanischen Kultur des Ostmittelmeerraumes gegeben hat. Die jüdische Bevölkerung nahm an diesem religiös aufgeladenen städtischen Leben teil, ohne Widerstand dagegen erkennen zu lassen. Die rabbinischen Gelehrten des 2. und 3. Jahrhunderts mögen sich dagegen gestemmt haben – spürbare Konsequenzen hatte dies offensichtlich nicht.

Archäologische Funde

Erst im 4. und 5. Jahrhundert bieten literarische Quellen und archäologische Funde Indizien für einen Wandel der Siedlungs- und Alltagskultur Palästinas. Zum einen lässt sich ab dem 4. Jahrhundert ein rapider Anstieg der literarischen Produktion (palästinisch-amoräische Schriften) konstatieren, zum anderen gibt es nun, zum Teil bis in kleine jüdische Dörfer Galiläas hinein, Zeugnisse für einen Synogogenbau. Diese Befunde können eigentlich nur als Zeichen für ein signifikantes (Wieder-)Erstarken

Wandel der Alltagskultur ab dem 4. Jahrhundert

der jüdischen Kultur Palästinas gedeutet werden. Bleibt zu fragen, worin die Ursache für eine solche Entwicklung zu sehen ist. Ein Blick auf die zeitgeschichtliche Situation lässt zumindest *eine*, höchst interessante, Hypothese zu: Ein wesentlicher Grund für das erneute Erstarken des Judentums könnte die Christianisierung des Römischen Reiches gewesen sein. Der mit Kaiser Konstantin einsetzende und unter Justinian (527–565) vollendete Prozess der Durchsetzung des Christentums als »Reichsreligion« warf das jüdische Volk gleich in mehrfacher Hinsicht auf seine Identität zurück: Zunächst geschah dies dadurch, dass ab dem 4. Jahrhundert mit wachsender Tragweite Gesetze erlassen wurden, welche die Juden zu einer Sondergruppe innerhalb der römischen Bürgerschaft stempelten. Des Weiteren wurde die jüdische Bevölkerung zunehmend mit heidenchristlicher Kultur konfrontiert, die sich auch in Palästina langsam, aber stetig auszubreiten begann. Christliches Brauchtum und Theologie aber waren von jüdischen Anleihen durchdrungen. Die jüdische Bewohnerschaft Palästinas erlebte dadurch ein merkwürdiges Déjà-vu von Teilen ihrer eigenen Tradition und wurde zugleich wider Willen in einen komplizierten Übernahme- und Abgrenzungsprozess einbezogen. Zugespitzt formuliert, wurden »die Juden«, von der werdenden Kirche als Erzgegner Jesu ebenso benötigt wie gebrandmarkt, mit einem Zerrbild ihrer eigenen Identität konfrontiert und identifiziert.

Der Prozess der Christianisierung des Imperium Romanum muss demnach in seinen Folgen für das jüdische Volk wesentlich differenzierter gesehen werden, als dies in traditionellen Darstellungen noch weithin geschieht. Es war eben nicht nur eine Geschichte von Verfolgung und Leid, welche mit der Ausbreitung des Christentums für die Juden anhob, sondern ein komplexes gegenseitiges Geben und Nehmen, was beiden zur Schärfung ihrer jeweiligen Profile gereichte. Ebenso wenig kann die Politik der ersten »christlichen« Kaiser bis zum Anfang des 5. Jahrhunderts als eine einzige antijüdische Kampagne gedeutet werden. Sie hatte vielmehr die Stärkung der jüdischen Selbstverwaltung zur Folge und förderte auch in dieser Hinsicht die Rückbesinnung des jüdischen Volkes auf die eigenen Traditionen. Etwa mit Beginn des 4. Jahrhunderts lassen sich römische und christliche Belege beibringen, die von der Funktion des Nassí als eines anerkannten Repräsentanten des jüdischen Volkes künden. Kaiserliche Gesetze und Inschriften weisen den »Patriarchen« die Titel *clarissimi et illustres* zu, was den höchsten senatorialen Ämtern jener Epoche entspricht. Sie profitierten – wie vor allem auch der christliche Klerus – vom wachsenden Einfluss religiöser Autoritäten im Römischen Reich. So kam dem Nassí die Befugnis zu, als letzte Instanz jüdischer Rechtsprechung zu fungieren, kommunale Amtsträger zu benennen sowie zur Finanzierung seiner Aufgaben Steuern zu erheben. Offensichtlich waren die Kaiser von Konstantin bis Theodosius I. daran interessiert, die rechtliche Autonomie des jüdischen Volkes unter einer zentralen Führung zu gewährleisten. Beide Phänomene, die Rückbesinnung auf die eigenen Traditionen und deren größere praktische Relevanz, können erklären, warum es im Palästina des späten 3. und 4. Jahrhunderts zu einer reichen Produktion an jüdischer Literatur kam, die, wie der Palästinische Talmud, die rechtliche und geschichtliche Überlieferung von Bibel und Mischna systematisierten und aktualisierten.

Der kulturellen Blüte des palästinischen Judentums war jedoch wenig Zeit beschieden. Im 5. Jahrhundert vollzog sich ein Paradigmenwechsel in der kaiserlichen Politik. Der antijüdische Ton der Gesetzestexte wurde um etliches schärfer und deren Inhalt griff zunehmend negativ in das jüdische Leben ein. Ab 404/418 wurden Juden aus dem staatlichen Dienst ausgeschlossen und somit wesentlicher bürgerlicher Rechte beraubt. Der Nassí wurde zunächst in Rang und Kompetenzen eingeschränkt

Ende der christlichen Herrschaft über Palästina

(399); zwischen 415 und 429 wurde sein Amt überhaupt abgeschafft. Weder das Vordringen des Christentums in Palästina noch das Ende des Patriarchats konnten jedoch die jüdische Besiedlung insbesondere in Galiläa und im Golan durchgreifend beeinträchtigen. Mehrfach aufgelegte Gesetze gegen den Synagogenbau wurden anscheinend weitgehend ignoriert. Das jüdische Leben im Heiligen Land konnte sich trotz häufig wechselnder Herrschaftsverhältnisse und politischer Instabilität (insbesondere seit dem 8. Jahrhundert) noch lange behaupten.

Die persische Eroberung Palästinas (602–628) ließ kurzzeitig Hoffnungen auf eine nationale Restitution aufflackern. Bereits im Jahre 634 standen jedoch arabische Truppen im Land, und nur sechs Jahre später fiel mit Cäsarea die letzte byzantinische Bastion, womit das Ende der Herrschaft Ostroms über Palästina besiegelt war. Mit der Errichtung der arabisch-islamischen Herrschaft in Palästina wird in der jüdischen Historiographie das Ende der Spätantike gefasst; die folgende Epoche definiert man als »Mittelalter«. In ihm wird es den Rabbinen gelingen, die eigenen Werte und Normen tatsächlich durchzusetzen und somit die Führung des jüdischen Volkes zu übernehmen.

3.2. Profile des rabbinischen Judentums

Die moderne Forschung sieht das Judentum in den Jahrhunderten römisch-byzantinischer Herrschaft als eine nach wie vor pluralistische Größe, die weitgehend hellenistisch akkulturierte Strömungen ebenso umfasst wie diejenigen Anhänger Jesu, die ihr Leben noch an der Tora ausrichteten. Apokalyptische und messianische Gruppen dürften auch nach den Aufständen des 1. und 2. Jahrhunderts weiter existiert haben. Viele jüdische Siedlungen des 3. und 4. Jahrhunderts verfügten über eine Synagoge, beten und lasen in ihr Tora, ohne dass damit eine rabbinische Prägung verbunden war. Dennoch hat die traditionelle Darstellung, der zufolge die rabbinischen Meister bereits nach 70 das Judentum neu organisierten und führten, über die Jahrhunderte eine solche Dominanz gewonnen, dass ihr eine eigene Form von Wirklichkeit zukommt. Daher ist es angeraten, die Rabbinen als wichtiges Paradigma jener Epoche in den Blick zu nehmen.

Vom Selbstverständnis der rabbinischen Gelehrten kündet besonders eindrücklich ein ungewöhnlicher Traktat in der Mischna. Dieser trägt den Namen *[Pirké] Avot* ([Sprüche der] Väter) und beschreibt in kurzen Sentenzen das ethische Wertesystem der rabbinischen Meister. Eingangs des Traktats werden die Grundlagen und Aufgaben der rabbinischen Bewegung dargestellt:

»Mose empfing Tora vom Sinai und übergab sie dem Josua und Josua den Ältesten und die Ältesten den Propheten und die Propheten übergaben sie den Männern der Großen Versammlung. Sie sagten drei Dinge: Seid sorgfältig im Gericht, stellt viele Schüler auf und macht einen Zaun um die Tora.«

Die Große Versammlung bezeichnet ein theologisch-historisches Konstrukt, das die Lücke in der nahtlosen Übergabe der Tora von der biblischen Zeit (Mose und die Propheten) auf die Rabbinen schließen soll.

Wie in einem Brennglas verdichtet sich in diesen Sätzen das Selbstverständnis der rabbinischen Gelehrten: Zum einen sehen sie sich als die treuen Bewahrer der Mündlichen und der Schriftlichen Tora, wie sie Mose am Sinai empfangen hat. Zum anderen fällt ihnen die Aufgabe zu, durch die Ausbildung »vieler Schüler«, durch halachische Rechtsprechung und Alltagsgestaltung (»seid sorgfältig im Gericht«) sowie durch Aktualisierung und Kommentierung (»macht einen Zaun«) die Tora im Volk zu verankern.

Rabbinische Halacha

Eine wesentliche Aufgabe, die von den Rabbinen zu bewältigten war, bestand in der Weiterentwicklung der biblischen Traditionen (»Schriftliche Tora«). Der Alltag des jüdischen Volkes hatte sich seit dem Babylonischen Exil und der Perserzeit gewandelt. Die Begegnung mit der graeco-romanischen Zivilisation erforderte Stellungnahmen zu vielen kulturellen Neuerungen wie zum Beispiel dem Theater, der Präsenz von Statuen und Mosaiken in Bädern und auf kommunalen Plätzen oder zum römischen Steuerrecht. Mindestens ebenso dringend erzwang die Zerstörung des Tempels und mit ihr das Ende der täglichen Opfer und der festlichen Wallfahrten eine Aktualisierung der Tora. In der Bibel hatte sich priesterlich-kultische Frömmigkeit mit einem laientheologischen Ethos verbunden. Nun war das kultische Element ausgefallen, und es stellte sich dringend die Frage nach einem Ersatz dafür. Ein drittes Problem, mit welchem sich die rabbinischen Gelehrten auseinander zu setzen hatten, bestand im literarischen Charakter der Hebräischen Bibel. Deren halachische Traditionen finden sich eingestreut in eine große historische Erzählung. Durch diese Art ihrer Darbietung, welche weder Anspruch auf Vollständigkeit noch auf thematische Stringenz erheben kann, war die biblische Halacha nur begrenzt alltagstauglich. Das gewaltige Werk, welches von den Rabbinen zu leisten war und bewältigt wurde, bestand also in der *theologischen Durchdringung* der gesamten Tradition, um den priesterlich-kultischen Aspekt zu kompensieren, in der *Aktualisierung* des biblischen Materials für die Lebensverhältnisse der Spätantike und des frühen Mittelalters sowie schließlich in der *Systematisierung* der Halacha.

Rabbinische Kosmologie

Wollte man die rabbinische Theologie auf eine Grundlinie bringen (was ein an Frechheit grenzendes Wagnis ist), so müsste man von einer durchgreifenden Ethisierung biblischer Traditionen sprechen, bei der Gott und Mensch reziprok aufeinander bezogen werden. Zentrale

Begriffe der Bibel (Tora, Bund, Gebot, Heiligkeit, Königtum Gottes, Schöpfung, Befreiung aus der Knechtschaft) finden sich neu gewichtet. Dies ist besonders gut zu erkennen, wenn man die biblische Kosmologie mit der rabbinischen vergleicht. Der erste Schöpfungsbericht (Gen 1,1–2,4a) zielt auf die sinnvolle Ordnung der Welt, in welcher der Mensch als Herrscher über die Geschöpfe zum Ebenbild des göttlichen All-Herrschers bestimmt wird (Gen 1,28). Die rabbinische Kosmologie hingegen scheint an mythologischen oder metaphysischen Konzepten überhaupt nicht interessiert. Sie rückt die Tora als »Bauplan der Schöpfung« in das Zentrum der Betrachtungen über den Anfang und das Ziel der Welt.

»*Die Tora sagt: Ich war das Werkzeug der Kunstfertigkeit des Heiligen, Er sei gesegnet! Im Brauch der Welt, wenn ein König aus Fleisch und Blut einen Palast baut, dann baut er ihn nicht aufgrund seines eigenen Wissens, sondern aufgrund des Wissens eines Kunsthandwerkers. Doch auch der Handwerker baut ihn nicht aufgrund eigenen Wissens, sondern [mit] Plänen und Listen. [...] So auch der Ewige, Er sei gesegnet. Er schaute in die Tora und schuf die Welt.*« (GenR I,1)

Ein Buch der Geschichte und Gebote *Israels* als Bauplan der *Welt*? Eben dies ist der Kern der rabbinischen Kosmologie: Die Tora, so sie denn von Israel respektiert wird, ist es, die »die Welt im Innersten zusammenhält«. Damit wächst dem Menschen, und insbesondere dem jüdischen Menschen, dem die Tora anvertraut ist, die Rolle eines Partners Gottes bei der Erhaltung der Welt zu. Wenn Israel Tora lernt und danach handelt, dann ist der Bestand der Schöpfung gesichert; wenn nicht, stürzt alles ins Chaos zurück. Der in der Bibel konstatierte Auftrag zur Herrschaft »im Bilde Gottes« wandelt sich zu einem ethischen Ideal der Nachahmung (*imitatio*) Gottes in der

Würdigung der Tora. Die Schöpfung der Welt kam erst dann an ihr Ziel, als Israel sich nach dem Exodus bereit fand, die Gebote zu befolgen.

Die Kehrseite der Medaille ist jedoch nicht minder interessant: Da der Mensch zum Partner des Ewigen bei der Erhaltung der Schöpfung geworden ist, sind Gott und Mensch direkt aufeinander bezogen, ja, voneinander abhängig. Die rabbinischen Erzähler bringen dies in aller Deutlichkeit zum Ausdruck:

»Warum heißt es: Voll sind Himmel und Erde seiner Herrlichkeit (Jes 6,2)? Weil man nämlich sagt: Der König, der über allen Königen ist, wenn [seine] Herrlichkeit nicht auf der Erde ist, dann hat Sein Name weder auf Erden noch in der Höhe Gewicht. Denn wenn Sein Volk Sein Königtum auf Erden nicht proklamiert, dann hat er sozusagen auch kein Königtum hinsichtlich des Himmels. Aber, siehe, Israel sagt: Höre, Israel, der Herr unser Gott ist Einer! (Dtn 6,4).« (ShirZ I,1)

Der *Midrasch* formuliert einen eigentlich schlichten Zusammenhang: ohne Untertanen kein König. Auf Gott angewendet, erscheint dieser Schluss dennoch gewagt, was die Rabbinen mit ihrem vorsichtigen »sozusagen« auch anerkennen. Die enge Bezogenheit zwischen Gott und Mensch (Israel), dem die Tora als Ursprung und Ziel der Schöpfung anvertraut ist, bildet das Fundament der rabbinischen Theologie. Die Anerkennung der Tora als ethischer Richtschnur erfordert die freiwillige Zustimmung Israels, welche in der täglichen Rezitation des *Schm'a Jisra'el* zum Ausdruck kommt.

Schm'a Jisra'el Das *Schm'a Jisra'el* (»Höre Israel«) gehört wie die →*Amida* und das →*Kaddisch* zu den wichtigsten jüdischen Gebeten. Es spielt sowohl im häuslichen Gebet als auch im Gottesdienst der Synagoge eine zentrale Rolle. Bereits in der Mischna (Ber I, 1) wird festgelegt, dass es morgens und abends zu sprechen ist. Im Gefolge der Legende um den Tod Rabbi Akibas (vgl. S. 67 ff.) erhielt es eine zusätzliche Funktion als vorbereitendes Gebet auf den Tod. Das Schm'a Jisra'el besteht aus drei Texten der Tora, die jedoch innerhalb der Bibel noch kein Gebet sind. Das erste Stück der Schm'a umfasst Dtn 6,4–9 und wird als *Qabbalat Ol Malkhut Schamajim* (Auf-sich-Nehmen des Jochs des himmlischen Königtums) bezeichnet, worauf der oben zitierte Midrasch anspielt. Es ist das Bekenntnis zur Einzigkeit Gottes. Der zweite Abschnitt (Dtn 11,13–21) heißt *Qabbalat Ol-Mizwot* (Auf-Sich-Nehmen des Jochs der Gebote) und verhandelt die Folgen der Einhaltung bzw. Missachtung der Gebote. Der dritte Teil des Schm'a (*Sikharon Jezi'at Mizrajim*, d.i. die Erinnerung an den Auszug aus Ägypten) beschreibt den Ursprung des jüdischen Brauches, sich beim Gebet in ein Tuch mit langen Fransen (→ *Tallit mit Zizit*) zu hüllen. Dies dient der Erinnerung an die Befreiungstat des Ewigen an Israel und an die Gebote. Im heutigen Gottesdienst wird die Rezitation des Schm'a von Segenssprüchen gerahmt. Sie erfolgt vor der Amida, dem Hauptgebet des Gottesdienstes.

Die Formulierung und Anordnung von Gebeten und Gottesdienst waren jedoch nur *ein* »Arbeitsgebiet«, auf dem die Rabbinen tätig wurden, um die biblische Halacha zu aktualisieren und den Verlust des Tempels zu kompensieren. Nun, da die Priester den Kult nicht mehr stellvertretend für das Volk durchführen konnten, musste er zur Sache aller werden. Das tägliche Opfer im Tempel wurde durch das Gebet ganz Israels ersetzt. Die zweite Grundidee, den Verlust des kultischen Zentrums auszugleichen, fußt auf einem stolzen Wort der Bibel, welches von Israel verlangt, zu einem heiligen Volk von Priestern zu werden (Ex 19,6). Das Haus eines jeden Juden sollte zu einem Abbild des Tempels werden.

Dazu war es erforderlich, die priesterliche Sorge um Reinheit und Heiligkeit in den Alltag möglichst vieler Laien zu integrieren. An Anregungen dazu fehlte es nicht; immerhin waren bereits in der Bibel viele Gebote zur persönlichen Reinheit enthalten. Jetzt kam es darauf an, diese zu systematisieren und alltagstauglich zu machen.

Kaschrut Den gesamten Komplex der →*Halachot* zur persönlichen Reinheit bezeichnet man als *Kaschrut* (von hebr. kascher, geeignet). Kaschrut umfasst die Halachot zu geeigneten Speisen, zu körperlicher und häuslicher Reinheit. Nahrungsmittel zum Beispiel sind nur dann geeignet (hebr. *kascher*; jidd.: *koscher*), wenn unter anderem die folgenden Grundregeln respektiert werden: 1) Die Speisen (insbesondere Fleisch, aber auch Eier) dürfen kein Blut enthalten. 2) Milch- und Fleischprodukte dürfen nicht gleichzeitig verzehrt und nicht mit den gleichen Geräten zubereitet oder gemeinsam aufbewahrt werden. 3) Bestimmte Fleisch- und Fischsorten sind nicht koscher. Dazu gehören alle Kriechtiere, Fleisch- und Aasfresser sowie alle Tiere, die keine gespaltenen Hufe haben und nicht wiederkäuen. Koschere Fische müssen Flossen und Schuppen haben. 4) Manche Nahrungsmittel (zum Beispiel Wein) müssen unter Aufsicht jüdischer Fachleute produziert werden.

Die Aufgabe Israels, die Tora zu bewahren und als Partner des Ewigen in der Welt zu fungieren, bedeutet für die jüdische Gemeinschaft wie für den Einzelnen eine gewaltige Verantwortung, der kaum jemand gerecht werden kann. Dass die Gesamtheit der Gebote nicht immer und überall zu erfüllen ist, war auch dem frömmsten Gelehrten klar. Die rabbinische Theologie begegnet der hier drohenden Resignation mit der Auffassung, dass der Ewige gegenüber der Welt grundsätzlich zwei Perspektiven einnimmt, welche dialektisch aufeinander bezogen sind. Deren erste, die *Middat ha-Din* (etwa: Standpunkt der Legalität), besteht auf der von Gott eingesetzten Ordnung und fordert deren strikte Einhaltung. Würde der Ewige die Welt oder Israel allerdings nur unter diesem Blickwinkel betrachten, wären sie zum Untergang verurteilt. Daher kann der Ewige seine Schöpfung auch in einer anderen Perspektive, der *Middat ha-Rachamim* (etwa: Standpunkt der Nachsicht), beurteilen. Auch diese kann nicht für sich allein bestehen, sonst würde Chaos hienieden ausbrechen. Der Ewige sieht sich daher im Interesse der Welterhaltung gezwungen, ständig zwischen beiden Positionen zu wechseln. Auch in seiner richterlichen Funktion erweist sich der Gott der Rabbinen als ein Gott nachsichtiger Strenge, der geradezu menschliche Verhaltensweisen an den Tag legt. Diese enge Beziehung zwischen dem Ewigen und Israel wurzelt letztlich in der Tora als dem »gemeinsamen Projekt« beider. Da die Rabbinen die Gott-Ebenbildlichkeit des Menschen ethisch als Erfüllung der Tora definieren, muss sich natürlich auch der Ewige als Toragelehrter betätigen – und kann im schlimmsten Fall die beim Studium der Bibel auftretenden Probleme auch nicht lösen.

Rabbi Akiba: Vom Analphabeten zum Vorbild an Gelehrsamkeit

In der Figur Rabbi Akibas, eines rabbinischen Gelehrten des 2. Jahrhunderts, verdichten sich die ethischen und intellektuellen Normen des rabbinischen Judentums. Um seine Gestalt ranken sich zahlreiche Erzählungen. Er gehört zu den wenigen rabbinischen Gelehrten, bei dem man die ihn betreffenden Legenden zu einem nahezu vollständigen Lebenslauf zusammensetzen könnte. Bis zu seinem vierzigsten Lebensjahr soll er völlig ungebildet gewesen sein. Erst die Liebe seiner Frau Rachel konnte an diesem Zustand etwas ändern. Sie verlangte von ihm, lesen und schreiben zu lernen, was er gemeinsam mit seinem Sohn schließlich tat. Rachel ernährte die Familie, damit Akiba studieren konnte. Zwölf Jahre mühte er sich. Als er zum ersten Mal mit zwölftausend (!) Schülern heimkehrte, schickte Rachel ihn wieder fort: Sie traute ihm noch Größeres zu. Erst mit der doppelten Anzahl begeisterter Anhänger war sie zufrieden. Akiba hatte sich zum bedeutendsten Toragelehrten seiner Generation entwickelt:

»Als Mose in die Höhe hinauf fuhr, fand er den Heiligen, Er sei gelobt, sitzen und Krönchen winden für die Buchstaben [der Tora]. Sagte [Mose] vor Ihm: Herr der Welt, wer hindert dich? [bedeutet: Wozu die Bibel ver-

komplizieren?] Sagte Er ihm: Am Ende vieler Generationen wird es einen Mann geben, Akiba ben Josef ist sein Name, der wird über jedes einzelne Häkchen Berge von Halachot vortragen. Sagte [Mose] vor Ihm: Herr der Welt, zeige ihn mir! Sagte Er ihm: Wende dich zurück! Er ging und setzte sich ans Ende der achten Reihe [des Lehrhauses, wo die am wenigsten Begabten Platz haben]. Er wusste aber nicht, wovon sie redeten: da wurde er ohnmächtig. Als [Akiba] zu einer [bestimmten] Sache kam, fragten ihn seine Schüler: Woher hast du das? Sagte er ihnen: Das ist Halacha des Mose vom Sinai. Da ward [Moses] Geist getröstet. Er kehrte zum Heiligen, Er sei gelobt, zurück und sagte vor Ihm: Herr der Welt, Du hast einen Menschen wie diesen und gibst die Tora durch mich?! Sagte Er ihm: Schweig, denn so habe Ich es beschlossen. Sagte er vor Ihm: Herr der Welt, du zeigtest mir seine Tora, zeige mir [nun] seinen Lohn! Sagte Er ihm: Wende dich zurück! Da wandte er sich zurück und sah, dass man [Akibas] Fleisch auf dem Fleischmarkt abwog. Sagte [Mose] vor Ihm: Dies ist die Tora und das ihr Lohn?! Sagte Er ihm: Schweig, denn so habe Ich es beschlossen.« (Men 29b)

Diese schockierende Legende beschreibt die zwei Attribute des Akiba ben Josef, die ihn zu einer einzigartigen Gestalt der jüdischen Geistesgeschichte werden ließen: seine ungewöhnliche Gelehrsamkeit und seinen gewaltsamen Tod durch die römischen Besatzer. Letzterer stand vermutlich im Zusammenhang mit dem Bar-Kochba-Aufstand, in dessen Anführer Simon, genannt Bar Kochba, Rabbi Akiba den Messias gesehen haben soll. Sein Sterben, in der Haggada wieder und wieder beschrieben, entwickelte sich im Mittelalter zu einem wichtigen Paradigma jüdischer Märtyrer. Akiba soll mit den Worten des Schm'a Jisra'el auf den Lippen dahin geschieden sein.

Zuvor habe er seiner Freude darüber Ausdruck verliehen, dass er erst jetzt Gott »mit ganzer Seele« lieben könne, wie es das Schm'a (Dtn 6,5) verlange.

Mischna, Midrasch und Talmud

Die Schriften der Rabbinen, allen voran Mischna und Talmud, haben dem Judentum Jahrhunderte lang ihren Stempel aufgedrückt. Dies ist vor allem deshalb erstaunlich, weil sowohl die Mischna als auch der Talmud sich auf den ersten Blick als völlig bizarre Projekte darstellen. Nach den Katastrophen vergeblicher Aufstände gegen die Römer, mitten in den gewaltigen Umbrüchen der Christianisierung des Imperium Romanum und der religiösen Wirren des Partherreiches entwarfen kleine Gruppen von Gelehrten in der Mischna eine Art Gegenwelt-Verfassung bzw. stellten mit dem Talmud eine gewaltige Enzyklopädie des jüdischen Wissens zusammen.

Die Mischna (hebr. Lehre), das Buch der Grundregeln zur Heiligung eines Landes und seiner Bewohner, wird Anfang des 3. Jahrhunderts vollendet. Anders als die Bibel, welche die Halacha in den erzählerischen Rahmen der Geschichte Alt-Israels einbettet, ordnet die Mischna ihre Halacha nach sachlichen und logischen Gesichtspunkten. Ihr Material präsentiert sie in sechs Ordnungen (*Sedarim*), welche der Reihe nach die Heiligung des Landes (1. Seder *Serajim*, »Saaten«), der Zeit (2. Seder *Mo'ed*, Festzeit), des privaten Lebens (3. Seder *Naschim*, Frauen), des öffentlichen Lebens (4. Seder *Nesiqin,* Schadensfälle), des Heiligtums (5. Seder *Qodaschim*, Heilige Dinge) sowie der Haushaltsgegenstände und der eigenen Person (6. Seder *Toharot*, Reinheiten) verhandeln. Die Mischna verzichtet auf jede Form von Eigenwerbung. Sie nennt weder Autoren noch Adressaten, weder Ziel noch Zweck. Sie ist in Hebräisch abgefasst, obwohl dies längst keine Alltagssprache mehr war, und vermeidet jedes überflüssige Wort. Sie zeigt eine so hochgradig formalisierte

Mischna

Struktur, dass ein Logiker seine Freude daran hätte, bietet aber selten Begründungen für die Vorschriften, die es zu befolgen gilt. Die gelehrten Autoren der Mischna entwarfen mitten im Chaos der Geschichte eine äußerst geordnete und logisch strukturierte Gegenwelt von Heiligkeit und Reinheit, die man auswendig lernen kann, bevor man daran geht, den eigenen Alltag danach auszurichten.

Tosefta und Midrasch

Bei aller bizarren Schönheit dieses Projekts erhob sich jedoch bald das Problem seiner praktischen Nutzanwendung. Nicht jeder verstand den Telegrammstil der Mischna. Nicht jeder gab sich mit Regeln ohne Begründung und konkretes Beispiel zufrieden. Daher begannen die Rabbinen Palästinas schon im 3. Jahrhundert, diese zwei Merkwürdigkeiten der Mischna aufzuarbeiten: Sie schufen einen ersten Kommentar, indem sie Begründungen, Zusatzmaterial und Alternativen formulierten. Dieser wurde in der logischen Struktur der Mischna angeordnet und →*Tosefta* (aram. Ergänzung) genannt. Des Weiteren bauten die Rabbinen eine Brücke zwischen der Tora und der Mischna, indem sie ihre Halacha auf deren biblische Basis zurückführten. Zu diesem Zweck schufen sie eine neue Literaturform, die sie →*Midrasch* (hebr. Nachforschung, Lehre; Plural Midraschim) nannten. Dem Midrasch liegt nicht die logisch-thematische Ordnung der Mischna, sondern ein biblischer Text zugrunde. Dieser kann halachisch oder haggadisch sein, aus einem oder mehreren biblischen Büchern stammen, die Form eines Kommentars oder einer Predigtsammlung annehmen. Gemeinsam ist allen Midraschim, dass biblische Texte seine Struktur bestimmen.

Talmud

Ihren Höhepunkt an Umfang und Komplexität erreichte die rabbinische Literatur jedoch mit den beiden *Talmudim*, dem Palästinischen (auch *Jeruschalmi*, wohl im 5. Jahrhundert vollendet) und dem Babylonischen Talmud (*Bavli*), dessen Grundfassung im 6. Jahrhundert abgeschlossen war. Letzterer sollte sich gegenüber seinem palästinischen Pendant als normativ durchsetzten.

Das rabbinische Judentum

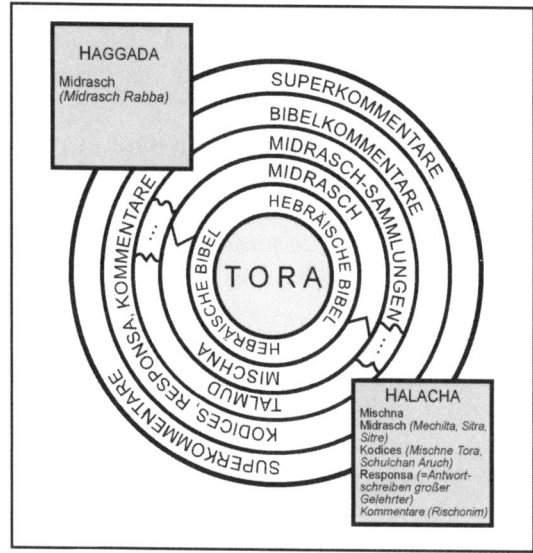

Struktur der rabbinischen Schriften

Beide Talmudim beziehen sich wie Kommentare auf die Mischna, folgen also deren Aufbau. Mehr noch: die Mischna wird Stück für Stück zitiert und (zumindest teilweise) mit Erläuterungen versehen, die als *Gemara* (Abschluss) bezeichnet werden. Es wäre dennoch irreführend oder doch mindestens nichtssagend, die Talmudim als Kommentare zur Mischna zu bezeichnen. Zunächst ist zu konstatieren, dass sich Palästinischer und Babylonischer Talmud vor allem in Inhalt und Umfang deutlich voneinander unterscheiden. Die Gründe dafür liegen im längeren Wachstum des Bavli sowie in der Tatsache, dass Midraschim in Palästina eine eigenständige Literaturgattung darstellten, während sie in »Babylon« in den Talmud integriert wurden. Doch fanden nicht nur Bibelkommentare Eingang in den Bavli, sondern im Grunde alles, was jüdische Gelehrte des Partherreiches vom 3. bis zum 6. Jahrhundert wussten: Heilkunde, Traumdeutung, Geographie, Kalenderberechnung, Astrologie – was immer des Aufhebens würdig war. Stellt sich die Frage, wie sich aus der Mischna, einer äußerst kurzen, präzise strukturierten Darstellung halachischer Statements eine Enzyklopädie von 2.900 Folioseiten entwickeln konnte?!

Diese Wandlung vollzog sich mutmaßlich in mehreren Etappen. Wie die Tosefta erkennen lässt, bestanden die ältesten Kommentare zur Mischna vor allem aus kurzen Erläuterungen und Begründungen von Halachot, aus der Einfügung zusätzlichen Materials sowie Beispielen. Im Jeruschalmi kann man eine weitere Entwicklungsstufe beobachten: Die hier zitierten rabbinischen Gelehrten des 3. und 4. Jahrhunderts bemühen sich darum, die Mischna durch Rückbindung an die Bibel plausibel und mittels zusätzlicher Materialien und Beispielgeschichten anwendbar zu machen. Dieses Bestreben drückt sich zum einen im Übergang zur damaligen Alltagssprache, dem Aramäischen, aus; zum anderen darin, dass der Jerusalemer Talmud nun auch schon kurze (oft fingierte) Diskussionen enthält, welche die in der Mischna getroffenen halachischen Entscheidungen einsichtig erscheinen lassen. Dieser wohl ursprünglich didaktisch gemeinte Trend entfaltet im Babylonischen Talmud ein intensives Eigenleben. Hier überragt der Diskurs alles andere. Aus einer Präsentation von Halachot im Telegrammstil ist eine oft geradezu ausufernde, in seiner internen Logik äußerst faszinierende Kette von Argumentationen geworden. Jede rechtliche Eventualität, jede stilistische Nuance, jede Eigentümlichkeit, die jemals von Gelehrten entdeckt und von deren Schülern tradiert worden ist, findet ihren Platz im Babylonischen Talmud und wird von dessen anonymen Redaktoren in ein scheinbar endloses Kontinuum intellektuellen Diskurses gefügt. Im Gegensatz zur Mischna, aber dennoch von ihr initiiert, entfaltet sich die hohe Kunst der logischen Argumentation zu einer absoluten Notwendigkeit, welche Generationen jüdischer Intellektueller prägen sollte.

Nur sehr selten wird berichtet, dass die Diskussionswut eines Rabbinen von dessen Kollegen als störend empfunden wurde. Ein Gelehrter, der dafür bekannt war, seine Mitstreiter mit komplizierten Präzedenzfällen zu strapazieren, hieß Rabbi Jirmeja. Über eine Debatte zu Fragen des Finderlohns, an der Rabbi Jirmeja teilnahm, berichtet der Talmud: »Fällt [eine junge Taube aus einem Taubenschlag] und sie wird innerhalb von fünfzig Ellen gefunden, so gehört sie dem Besitzer des Taubenschlags. Außerhalb der fünfzig Ellen: sie gehört ihrem Finder. […] Fragte Rabbi Jirmeja: [Und wenn] ein Fuß [der Taube] innerhalb der fünfzig Ellen und ein Fuß außerhalb der fünfzig Ellen ist? Da warf man Rabbi Jirmeja aus dem Bet Midrasch.« (BB 23b)

4. Mittelalter: Juden unter islamischer Herrschaft (7. bis 15. Jahrhundert)

Eine von mehreren Möglichkeiten, die jüdische Geschichte zu periodisieren, besteht darin, mit der arabischen Eroberung des Partherreiches (»Babylons«) und Palästinas im 7. Jahrhundert eine neue Epoche, das Mittelalter, anzusetzen. Als dessen wichtigstes Kennzeichen ist anzusehen, dass das jüdische Volk unter der Herrschaft von Christen und Muslimen zwei distinkte Kulturkreise ausprägte: das sefardische und das aschkenasische Judentum. Bevor sich jedoch Spanien (*Sefarad*) und Mitteleuropa (*Aschkenas*) zu Zentren jüdischen Lebens entwickelten, übernahm das Judentum »Babylons« die intellektuelle Führung Israels.

4.1. Zur Geschichte der Juden »Babylons«

Der jüdischen Diaspora im Reich der (Neu-)Babylonier, Perser und Parther kommt eine besondere Würde zu. Seit dem Babylonischen Exil im 6. Jahrhundert v.d.Z. vermutlich ununterbrochen existierend, ist sie die älteste jüdische Ansiedlung außerhalb des Heiligen Landes. Wesentliche theologische Leistungen, die in die Bibel Eingang fanden, gehen auf sie zurück. Und als sei dies nicht genug, schufen babylonische Gelehrte fast tausend Jahre später »das bedeutendste Dokument der rabbinischen Literatur und, tatsächlich, des Judentums«, den Babylonischen Talmud (Neusner 1994: 187).

Dabei waren die äußeren Bedingungen, unter denen

die Juden im Zweistromland lebten, durchaus wechselhaft. Die Perser, welche ab 539 v.d.Z. das Babylonische Reich beerbten, hatten den unterworfenen Völkern eine Teilautonomie gewährt. Diese wurde von den nachfolgenden Dynastien (Seleukiden und parthischen *Arsakiden*) bis in das 3. Jahrhundert n.d.Z. im Wesentlichen respektiert. Das Herrscherhaus der *Sassaniden*, das die Arsakiden 226 ablöste, begann jedoch die königliche Zentralgewalt im Reich zu fördern, indem es den →*Zoroastrismus* als Staatsreligion durchzusetzen suchte. Phasen relativer Freiheit wechselten mit Zeiten massiver Unterdrückung anderer Religionen, darunter auch der jüdischen. Bis zur Machtübernahme der Sassaniden hatte die babylonische Diaspora jedoch, insbesondere nach dem Bar-Kochba-Aufstand, einen großen Aufschwung genommen. Das dezentral, geradezu feudal organisierte Herrschaftssystem der Arsakiden begünstigte autonome Lokalstrukturen, was sich die jüdische Kolonie mit der Einrichtung eines »Exilarchen« (aram. *Resch Galutá*, »Haupt der Exilsgemeinde«) zunutze machte. Der Exilarch bestimmte ab dem 1./2. Jahrhundert wie ein Provinzherrscher die Geschicke einer wachsenden Gemeinschaft, die in allen Erwerbszweigen der parthischen Wirtschaft, in der Verwaltung und auch in höheren Positionen des Staates erfolgreich tätig war. Nach den katastrophalen Niederlagen der palästinischen Juden gegen die Römer kamen zunehmend Gelehrte ins Land, was die babylonische Gemeinde erheblich aufwertete. Zuvor nämlich hatte es ambitionierte Torakenner immer nach Palästina gezogen, das bis zum 4./5. Jahrhundert die unbestrittene Führung innerhalb der jüdischen Gemeinschaft innehatte.

Auch wenn präzise Nachrichten darüber fehlen, dürfte sich das intellektuelle Zentrum des Judentums im 5./6. Jahrhundert endgültig von Palästina nach Babylon verlagert haben. Erst hier gelang es den Rabbinen, sich als prä-

Babylon als Zentrum des Judentums

gende und einigende geistige Strömung durchzusetzen. Dabei half den Gelehrten eine Institution, welche das jüdische Geistesleben revolutionieren sollte: die rabbinische Akademie (*Jeschiva*).

> **Jeschiva** Der hebräische Begriff *Jeschiva* (Plural *Jeschivot*, von hebr. Sitzen) bezeichnete ursprünglich eine Sitzung (des Gerichtshofes), ehe er, vermutlich in Babylon, zur rabbinischen Akademie, der wichtigsten jüdischen Einrichtung höherer Bildung, weiter entwickelt wurde. Als Vorbild könnte eine entsprechende christliche Einrichtung, die Akademie von Nisibis, gewirkt haben. Vor der Einrichtung von Jeschivot hatte in der Regel ein einzelner rabbinischer Meister eine Gruppe von Schülern um sich geschart, die er in der von ihm vertretenen Tradition unterwies. Die Akademien vereinigten hingegen mehrere Gelehrte und viele Schüler zu einem Kollektiv, das in sich hierarchisch strukturiert war. An der Spitze der Akademien, deren berühmteste sich in Sura, Nehardea (nördlich von Bagdad) und Pumbedita (ca. 100 km südlich von Bagdad) befanden, stand ein besonders angesehener, meist namentlich bekannter Meister. Die Traditionen der anderen Gelehrten wurden zumeist anonym überliefert und bilden einen Großteil des Materials des Babylonischen Talmud. Etwa ab dem 6. Jahrhundert (nach anderen Quellen erst deutlich später) wurde den Häuptern der großen Jeschivot der Ehrentitel *Gaon* (hebr. *Erhabener*, Plural Geonim) verliehen.

Neue Formen von Literatur

Nach Abschluss des Babylonischen Talmuds arbeiteten die Akademien daran, dieses gewaltige Korpus zu systematisieren und zu verbreiten. Aus der gesamten jüdischen Welt reisten Emissäre an, die sich mit halachischen Fragen an die babylonischen Gelehrten wandten. Ob es die Berechnung des Kalenders war, Probleme persönlicher Reinheit oder die Auslegung schwieriger Passagen in den Schriften – die jüdischen Gemeinden blickten nach Sura und Pumbedita, später auch nach Bagdad oder Jerusalem, und erhielten Antwort. Aus jener Tätigkeit entwickelten sich zwei neue Formen jüdischer Traditionsliteratur: die Responsa (hebr. *Sche'elot we-Teschuvot*, Fragen und Antworten) sowie die Kodizes, Handbücher, welche die talmudische Halacha nach sachlichen Gesichtspunkten ordneten. Sowohl die Responsa, schriftliche Antworten der Gelehrten auf Probleme der Gemeinden, als auch die Kodizes sind im Unterschied zu Bibel und Talmud keine Kollektivliteratur, sondern Werke namentlich bekannter Einzelautoren, die aus dem Schatten der anonymen Gruppe traten. Eine zweite Besonderheit der frühen mittelalterlichen Literatur ergab sich aus der zunehmenden Differenzierung der Wissenschaften, die unter dem Einfluss der islamischen Kultur auch in das jüdische Denken Einzug hielt. Es entstanden grammatische, liturgische, philosophische und poetische Schriften, die weder die Bibel noch die Mischna als ihr Bezugssystem verwendeten.

Der bedeutendste unter den Häuptern der Akademien war Sa'adja Gaon (882–942), der auf allen Gebieten des damaligen jüdischen Geisteslebens (Liturgie, Grammatik, Kalenderberechnung, Halacha, Philosophie) Bahnbrechendes geleistet hat. Besonders hervorzuheben ist sein in arabischer Sprache verfasstes Hauptwerk *Emunot we-De'ot* (so sein hebräischer Titel, der etwa mit »Glaubens- und Wissensüberzeugungen« übersetzt werden kann). Mit dieser Abhandlung schuf Sa'adja die erste philosophisch-»rationalistische« Darstellung des Judentums. Punkt für Punkt wird das Judentum den zahlreichen philosophischen und religiösen Strömungen seiner Zeit, allen voran aristotelischen, platonischen und christlichen Systemen, gegenübergestellt und als überlegen erwiesen. Mit seiner Betonung der Vernunft als Quelle der Erkenntnis (die sich freilich in letzter Instanz der Tora angleichen muss), seiner nahezu dogmatischen Systematik und nicht zuletzt durch seine philosophische Begrifflichkeit, die durch den islamischen →*Kalam* geprägt ist, wurde Sa'adja zum Wegbereiter der mittelalterlichen jüdischen Religionsphilosophie.

Sa'adja Gaon

> **Karäer** Einen großen Teil seines publizistischen Schaffens widmete Sa'adja der Auseinandersetzung mit den *Karäern* (von hebr. *Miqr'a*, die Schrift/Bibel). Diese dissidente jüdische Gruppe, deren Anfänge wohl im 8. Jahrhundert zu suchen sind, lehnte die Verbindlichkeit der »Mündlichen Tora« ab. Sie wollte sich allein auf die Schriftliche Tora gründen und entwickelte dabei unter der Hand eine eigenständige Halacha. Bis zum 12. Jahrhundert forderten die Karäer den rabbinisch orientierten Mainstream zu ständigem Wettstreit heraus. In den folgenden Jahrhunderten breiteten sich die Karäer vor allem im byzantinisch-türkischen und osteuropäischen Raum (Krim) aus, wobei sie sich zum Teil sprachlich an dort lebende Völker (zum Beispiel die Tartaren) anglichen. Als tartarische Kriegsgefangene gelangten etliche Karäer nach Litauen (Troki, Halicz), wo noch heute Gemeinden bestehen. Weitere Zentren heutigen karäischen Lebens sind die Krim und Israel.

Die Bedeutung der babylonischen Akademien verebbte, als der mesopotamische Raum politisch immer instabiler zu werden begann. Die Gelehrten wanderten in ruhigere, westliche Gefilde und brachten ihr Wissen in die maghrebinischen und spanischen Gemeinden ein. Dieser Prozess wurde durch den Zerfall des Kalifats begünstigt. Teile des arabischen Weltreichs, wie das maurische Spanien (ab 756) und das →*Fatimidenreich* in Ägypten, Syrien und Palästina (ab 969) lösten sich von den arabischen »Kernlanden«. Die jüdischen Gemeinden in den unabhängigen arabischen Reichen prägen eine neue Struktur aus. An deren Spitze stand eine lokale Führungsfigur, ein *Nagid*, der oft eine einflussreiche Stellung (Arzt, Schreiber, Berater) im islamischen Establishment innehatte. Die Emigration der Gelehrten aus dem unruhig gewordenen Kernland Arabiens förderte die Autonomie einzelner jüdischer Kulturen, von denen die sefardische des maurischen Spanien alle anderen überragte.

4.2. Ein »Goldenes Zeitalter«?
Juden im maurischen Spanien

»Die jüdischen Bewohner dieser glücklichen Halbinsel haben durch ihre innige Beteiligung an dem Ergehen des Landes, das sie liebten, wie man nur ein ererbtes Vaterland lieben kann, zu dessen Größe beigetragen und dadurch weltgeschichtlich eingegriffen. Für die Entwicklung des Judentums hat das jüdische Spanien fast eben soviel beigetragen wie Judäa und Babylonien, und wie in diesen Ländern, so ist auch in jenem an fast jeden Fußtritt für den jüdischen Stamm eine unermessliche Erinnerung geknüpft.«

Diese überschwängliche Hymne auf das spanische Judentum stammt von Heinrich Graetz (1908, Bd. 5: 59), dem führenden jüdischen Historiker des beginnenden 20. Jahrhunderts. Für ihn, wie für viele jüdische Intellektuelle jener Zeit, präsentierte sich die muslimisch-jüdische Symbiose als leuchtende Idylle vor dem Hintergrund des finsteren christlichen Mittelalters und des Antisemitismus des ausgehenden 19. Jahrhunderts. Tatsächlich kann kein Zweifel daran bestehen, dass es den jüdischen Gemeinden im islamischen Herrschaftsgebiet im Wesentlichen besser erging als unter christlicher Ägide.

Christen, Juden und Muslime

Die Gründungsphasen von Christentum und Islam waren zwar gleichermaßen von Konflikten mit ihrer jüdischen Umwelt geprägt, im Detail offenbaren sich jedoch gewichtige Unterschiede. Der seitens der Muslime geäußerte Vorwurf, die Juden Medinas hätten den Propheten verraten, verblasst gegenüber der Anklage der Christen, »die Juden« hätten den Christus (und damit Gott) ermordet. Das jüdisch-christliche Verhältnis war im Unterschied zum jüdisch-islamischen schon im Ansatz dadurch belastet, dass die werdende Kirche sich als das »Neue Israel« definierte, während der Koran lediglich behauptete, die ursprüngliche Religion Abrahams wieder herzustellen. Christentum und Judentum (und deren Schriften) gelten nicht als »veraltet« und ersetzt, sondern als »Verfälschung« der von Allah intendierten Ur-Religion. Die Wurzeln des späteren Christentums liegen im Heiligen Land selbst, die Ursprünge des Islam in einer für das Judentum peripheren Gegend. Diese Merkmale der frühen Entwicklung von Christentum und Islam können mindestens ansatzweise erklären, warum das jüdisch-islamische Verhältnis in der Regel entspannter war als die Beziehung zwischen Kirche und Synagoge. Im Unterschied zum mittelalterlichen Europa stellten die Juden im islamischen Herrschaftsbereich längst nicht die einzige religiöse Minderheit dar. Juden, Christen, Brahmanen, Anhänger der altpersischen Religion (Zoroastrismus) und andere bevölkerten das Kalifat und seine Nachfolgestaaten. Juden und Christen, später auch Anhängern anderer nicht-islamischer Religionen, erkannte man als »Leuten der Schrift« *(ahl al-kitab)* den gemeinsamen Status der *dhimmis* (*ahl al-dhimma*, geschützte Leute) zu. Diese wurden zwar mit Sondersteuern belastet und bestimmter Ehrenrechte (Waffen oder Siegelringe zu tragen, Pferde zu reiten) beraubt, sie standen im Unterschied zu den Juden Europas jedoch nicht außerhalb jeden Rechts.

Die Anfänge der jüdischen Besiedlung der Iberischen Halbinsel reichen in die Römerzeit zurück. Nach dem Zusammenbruch des Weströmischen Reichs entstand auf dem Gebiet des späteren Spanien und Portugal das westgotische Germanenreich (507–711). Nachdem dessen Herrscherhaus zum Katholizismus übergetreten war (587), verschlechterte sich die Situation für die jüdischen Bewohner des Reiches dramatisch, so dass ihnen die Eroberung weiter Teile Iberiens durch muslimische Araber und Berber (711–715) sehr gelegen kam. In *al-Andalus*, den muslimischen Gebieten Spaniens, zog es die jüdischen Bewohner aufgrund der hohen Grundsteuern in die Städte, vor allem nach Córdoba, Granada und Saragossa. In den christlich dominierten Territorien des Nordens bewirtschafteten Juden hingegen bevorzugt Äcker und Weinberge, die sie kaufen oder pachten konnten. Im Zuge der Eroberung der Iberischen Halbinsel durch die Christen, der *Reconquista*, gehörten Juden zu den ersten Siedlern, welche die Grenzlande wieder in Besitz nahmen und dafür mit Privilegien ausgestattet wurden. Nach der Eroberung Toledos im Jahre 1085 entwickelte sich diese Stadt zu einem Zentrum jüdischen Lebens im christlichen Teil der Halbinsel. Bis zum 14. Jahrhundert gestalteten sich die christlich-jüdischen Beziehungen pragmatisch: Die jüdische Gemeinschaft wurde mit bestimmten Aufgaben betraut und dafür belohnt und toleriert, ohne dass dies eine generelle Absicherung ihres rechtlichen Status zur Folge gehabt hätte. In *al-Andalus* begab sich Ähnliches: Hier wie dort profitierten die Gemeinden von einer Zeit relativer Ruhe, jäh unterbrochen vom Eindringen der →*Almoraviden* im 11., und vor allem der →*Almohaden* im 12. Jahrhundert, deren hartes Vorgehen gegen die jüdische Minderheit größere Fluchtbewegungen in den christlichen Norden zur Folge hatte.

Diese lange Phase verhältnismäßig ungestörter Entwicklung führte in Andalusien wie in den christlichen Königreichen Spaniens zu einer einzigartigen Blüte jüdischen Lebens. Jüdische Gelehrte und Honoratioren konnten sowohl unter maurischen Emiren und Kalifen als auch unter den Herrschern Kastiliens und Aragons in einflussreiche Positionen aufrücken. Aufgrund ihrer sprachlichen Kompetenz, ihrer transnationalen familiären Beziehungen kamen ihnen wichtige Mittler- und Beraterfunktionen zu. Unter den maurischen Herrschern brachte es zum Beispiel Rabbi Samuel ibn Nagrela (993–1055/56) zum Wesir von Granada. Er wirkte gleichermaßen als Schlachtenlenker, Politiker, offizieller Repräsentant seines Volkes (weshalb man ihn auch Samuel ha-Nagid nannte), als Gelehrter und Dichter. Der kastilische König Alfonso X. (1252–1284) bestellte den jüdischen Finanzier Don Salomon ibn Zadok zu seinem verantwortlichen Berater in Steuerangelegenheiten. Es sollte jedoch nicht der Eindruck entstehen, die spanischen Juden hätten überwiegend oder auch nur mehrheitlich als Gelehrte oder Kaufleute ihr Dasein bestritten. Die meisten Familien waren, darin ihren muslimi-

Aufschwung jüdischen Lebens

schen oder christlichen Nachbarn vergleichbar, nicht wohlhabend. Sie waren Bauern oder Handwerker, dies jedoch in einer Vielfalt von Berufen, welche man ihnen im Norden Europas verwehrte.

Die für die europäische Geschichte bedeutendste Leistung der Sefarden war ihre kulturelle Mittlerschaft zwischen der christlichen und der islamischen Zivilisation. Man hat es ihnen schlecht gedankt, aber sie brachten insbesondere dem christlichen Europa wissenschaftliche und künstlerische Schätze von höchstem Wert: Jüdische Kartographen schufen den »Katalanischen Weltatlas« (1375), jüdische Gelehrte übertrugen astronomische, medizinische oder philosophische Traktate aus dem Arabischen ins Kastilische oder Katalanische, von wo aus christliche Wissenschaftler sie ins Lateinische übersetzten. Auf diesem Wege gelangten die Erkenntnisse arabischer Geistesgrößen wie ibn Sina (Avicenna, 980–1037) und ibn Ruschd (Averroes, 1126–1198) und mit ihnen die Philosophie des Aristoteles in den Okzident und lösten dort jene wissenschaftliche Revolution aus, die man als Hochscholastik bezeichnet.

Leistungen des spanischen Judentums

Sujet	Autor	Werk	Bedeutung
Hebräische Grammatik	Juda b. David Hayyuj (um 945–1000)	Grundlegende Werke zum hebräischen Verb (in arab. Sprache)	1. Theorie des hebr. Verbs; inspiriert von arab. Grammatik
Hebräische Grammatik; Poesie	Samuel ha-Nagid (993–1055); Wesir und Halacha-Experte	Wörterbuch des bibl. Hebräisch (arab.); *Ben Tehillim; Ben Mischlé; Ben Qohelet*	Höhepunkt der Erforschung hebr. Lexik; einzigartig als Beispiel heb. Kriegslyrik; aber auch höfische und moralische Dichtung

Hebräische Grammatik	Jona ibn Janach (erste Hälfte des 11. Jahrhunderts)	*Grammatik und Wörterbuch* (in arab. Sprache)	In seinen zwei Teilen die erste vollständige Beschreibung des biblischen Hebräisch
Hebräische Grammatik, Bibelkommentare	Abraham ibn Esra (1089–1164)* Dichter, Grammatiker, Astronom, Arzt und Philosoph	Mehrere grammatische Werke, entstanden Mitte des 12. Jh.s in Italien; Kommentare zu fast allen Büchern der Bibel	Vermittelt arabisch-jüdische Grammatik in den Okzident. Fußt auf grammatischen und rationalen Grundsätzen. Zielt auf Wortsinn und war darin seiner Zeit voraus.
Kommentare zur Bibel	Mose b. Nachman; *Ramba"n* (1194-1270)**	v.a. Kommentare zur Tora und zum Buch Hiob	Entfalteter Vierfacher Schriftsinn; intensive Diskussion seiner großen Vorgänger
Halacha	Isaak Alfasi (*Ri"f*) (1013-1103)***	*Sefer ha-Halakhot*	Einbeziehung der Haggada in halachische Argumentation
Halacha, Philosophie	Mose b. Maimun; Maimonides, *Ramba"m* (1135–1204)*	*Mischné Tora (Jad ha-Chasaka)*; Kommentar zur Mischna; *Sefer ha-Mizwot*; *Moré Nevukhim*; dt.: Führer der Verirrten	Schuf einen der bedeutendsten Kodices talmudischen Rechts. Höhepunkt der mittelalterlichen jüdischen Philosophie. Normativ für folgende Generationen. Einfluss auf Thomas v. Aquin
Philosophie Poesie	Salomo Ibn Gabirol (ca. 1020-1057)	*Mekor Chajim* (lat. Fons Vitae); arabisches Original verloren	Platon. System ohne expliziten Bezug zu jüdischen Quellen. Große Wirkung auf christliche Scholastiker
Philosophie, Poesie	Jehuda ha-Levi (ca. 1075-1141)*	*Sefer ha-Kusari Schiré Zijon* (Zionslieder); *Schiré ha-Galut* (Exilslieder), *Pijjut*	Apologie des Judentums gegen Islam und Christentum; Auseinandersetzung mit aristotel. Philosophie, Lyrik in allen Bereichen der Dichtung
Hebräische Poetik, Poesie		*Kitab al-Muhadara wa al-Mudhakara*; *Sefer ha-Anak* (auch: Tarschisch)	Erste hebräische Poetik; Höfische Dichtung; homonyme Endreime, darin Modell späterer Dichtung

* musste das muslimische Spanien verlassen und nahm Zuflucht im christlichen Okzident/in anderen muslimischen Ländern
** wurde zur Flucht aus dem christlichen Spanien gezwungen
*** musste aus dem Maghreb nach Andalus fliehen

Auch für die genuin jüdischen Traditionen hat das spanische Judentum Großes geleistet. In gewisser Weise übernahm es von »Babylon« die Führung bei der Weiterentwicklung jüdischen Denkens. Die großen Grammatiken der hebräischen Sprache, halachische Kompendien, klassische Bibelkommentare, liturgische und höfische Dichtung, bedeutsame Werke neoplatonischer und aristotelischer Religionsphilosophie und nicht zuletzt die klassische jüdische Mystik, die →*Kabbala*, erblühten auf der Iberischen Halbinsel und inspirierten noch Jahrhunderte später andere zu deren Studium und Kommentierung.

Reconquista Die Epoche der *convivencia*, des friedlichen Neben- und teilweisen Miteinanders von Juden und Christen, fand mit der *Reconquista,* der Eroberung der Iberischen Halbinsel durch die spanischen Könige, ebenso ihr Ende wie die so genannte jüdisch-islamische Symbiose in Andalusien. Der Untergang des spanischen Judentums vollzog sich in mehreren Etappen. Im maurischen Süden setzte das Blutbad von Granada im Jahre 1066 ein erstes Alarmzeichen. Islamische Bewohner der Stadt waren über die etwa 1.500 jüdischen Familien hergefallen. Die Überlebenden mussten Granada verlassen. Mit der Herrschaft der maghrebinischen Berber in Gestalt der →*Almoraviden* (ab 1082), vor allem aber der →*Almohaden* (1145–1212), wandelte sich das geistige Klima in Andalusien endgültig. Von den maurischen Herrschern zu Hilfe gerufen, gelang es den Almoraviden zwar, die Rückeroberung Spaniens seitens der Christen aufzuhalten, jedoch um den Preis wachsender religiöser Intoleranz. Als im Jahre 1145 die gleichfalls berberischen Almohaden die Almoraviden von der Herrschaft verdrängt hatten, nahmen Gewalttakte gegen Juden und Christen noch zu. Die Koryphäen jüdischer Gelehrsamkeit verließen das Land. Teils wurden sie in ein unstetes Wanderleben gezwungen (Abraham ibn Esra); teils suchten sie in anderen islamischen (Mose ben Maimon) oder christlichen Regionen Zuflucht.

Im christlichen Norden hatte die Reconquista die Gemeinden (→*Aljamas*) zunächst begünstigt, da die spanischen Könige ihre jüdischen Untertanen als Kolonisten zurückeroberter Gebiete, als Händler und Dolmetscher dringend benötigten. Als sich jedoch der Feldzug gegen die Mauren seinem Ende näherte, endete auch die *convivencia*. Die Juden Spaniens gerieten in den Sog innerer Auseinandersetzungen der sich neu formierenden Königreiche. Bettelorden, Handwerker und Kaufleute sowie der aufstrebende Adelsstand (die *cortes*) verlangten von den Königen die Durchsetzung kirchlicher Ausgrenzungsnormen und hatten damit ab der zweiten Hälfte des 13. Jahrhunderts zunehmend Erfolg.

Den Auftakt einer großflächigen Verfolgung der Juden Spaniens bildete der plötzliche Tod König Johanns I. von Kastilien und León im Jahre 1390. In dies Machtvakuum hinein organisierten Gegner eines christlich-jüdischen Nebeneinanders Massaker an den jüdischen Gemeinden, zunächst in Sevilla (Juni 1391), später im ganzen Land. Die bedeutenden Aljamas von Córdoba, Burgos, Toledo, Valencia, Gerona und Barcelona waren von ihnen schwer betroffen. Die jüdischen Bewohner jener Städte wurden, so sie nicht rechtzeitig fliehen konnten, vor die Alternative Taufe oder Tod gestellt. Am Ende der Verfolgungen waren Tausende Tote zu beklagen und etwa 20.000 Menschen gewaltsam zum Christentum bekehrt (sog. *conversos*). Viele Zwangskonvertiten folgten den neuen Riten nur äußerlich und zum Schein, so dass sich die Kirche bemüßigt fühlte, mit Zwangspredigten, Disputationen und ab 1480 auch mit der Inquisition gegen die Neuchristen vorzugehen, die von ihren »altchristlichen« Mitbürgern despektierlich als *Marranen* (von span. *marranos*, Schweine) bezeichnet wurden. In dieser Atmosphäre von Misstrauen, Denunziation und Gesinnungsterror wandten sich viele Neuchristen wieder dem Judentum zu. Diesem Misserfolg kirchlicher Maßnahmen standen die Vereinigung der großen spanischen Königreiche Kastilien und Aragon und der Zusammenbruch Granadas, des letzten maurischen Stützpunktes auf der Iberischen Halbinsel, im Jahre 1492 gegenüber. Die sich der Konversion verweigernden Juden wurden als Gefahr für einen homogen christlichen Staat, insbesondere aber für die Neuchristen empfunden. Zudem waren die katholischen Könige Ferdinand und Isabella auf die Dienste ihrer jüdischen Untertanen nicht mehr angewiesen. Auf Vorschlag der Inquisition erließen sie daher am 31. März 1492 ein Edikt, das deren Ausweisung aus Spanien innerhalb von vier Monaten anordnete. Am 24. Dezember 1496 folgte der Beschluss zur Vertreibung der Juden aus Portugal. Das sefardische Judentum war der Reconquista zum Opfer gefallen.

4.3. Profile des sefardischen Judentums: Philosophie und Kabbala

Das spanische Judentum führte nicht nur die hebräische Poesie und Grammatik, die Halacha und die Kommentare zur Bibel auf bisher ungeahnte Höhen, in seiner Mitte entstanden auch die klassische jüdische Religionsphilosophie und bedeutende Werke der →*Kabbala*. Wie im christlichen Hochmittelalter Scholastik und Mystik, so bilden auch im mittelalterlichen Judentum philosophische und kabbalistische Systeme ein dialektisches Geschwisterpaar, das aufgrund ähnlicher Prämissen zwei extreme Möglichkeiten theologischen Denkens repräsentiert. Im Falle der Religionsphilosophie und der Mystik handelt es sich dabei um (neo)platonische und aristotelische Systeme, welche dazu genutzt wurden, den Glauben Israels auf den Begriff zu bringen. Extrem sind die beiden Denkmodelle insofern, als jedes von ihnen eine wesentliche Funktion der Theologie nahezu verabsolutiert: Dem Philosophen geht es darum, *Gott* zutreffend zur Sprache zu bringen, was letztlich darauf hinausläuft, Ihn von allen menschlichen Zügen zu *transzendieren*. Dem Mystiker hingegen ist es darum zu tun, eine *Begegnung* (wenn nicht gar Vereinigung) zwischen Mensch und Gott zu denken, er muss also irgendeine Art von *Immanenz Gottes* begründen.

Als Zenit der jüdischen mittelalterlichen Philosophie gilt das System des Mose ben Maimon (Maimonides), das er in seinem arabisch verfassten Hauptwerk *Moré Nevukhim* (hebr. »Führer der Verirrten«) dargelegt hat. Sein Ziel war es, die jüdische Tradition, wie sie sich vor allem in biblischer Begrifflichkeit ausdrückt, mit der philosophischen Vernunft, wie sie in den Augen des Maimonides vor allem Aristoteles' System repräsentiert, miteinander in Übereinstimmung zu bringen. Im Fokus seiner Darstellung steht Gott in Seiner Beziehung zu Welt und Mensch.

Mose ben Maimon

Die »Reinigung« des Gottesbegriffs von aller biblischen Bildlichkeit geschieht durch konsequente Allegorese: Jedes begriffliche Konkretum (wie Arm, Fuß, Antlitz Gottes) steht für ein Abstraktum (wie Macht, Ursache, Präsenz). Die Formulierung eines philosophisch korrekten Gottesbegriffs erfolgt mit Hilfe der strengen Kriterien des islamischen →*Kalam*, der auf der Kategorienlehre des Aristoteles fußt. Ihr liegt die Prämisse zugrunde, dass Gott *ewig*, zeitlich und örtlich unendlich sowie unveränderlich ist. Die Unendlichkeit und Unveränderlichkeit Gottes impliziert die absolute *Einheit* und *Einsheit* Gottes. Wäre Er in irgendeiner Weise zusammengesetzt, wäre etwas oder jemand gleich-ewig, dann wäre die Unendlichkeit und Unveränderlichkeit Gottes nicht gegeben. Aus der absoluten *Einheit* Gottes wiederum folgt, dass man Gott weder ganz noch teilweise definieren kann. Jede (Teil-)Definition beinhaltet nämlich entweder eine Einordnung des zu Definierenden in die nächsthöhere Gattung (»Ein Pferd ist ein Säugetier«) oder die Feststellung eines für eine Art charakteristischen Unterschieds (»Ein Pferd ist

Gotteslehre des Maimonides

ein Unpaarhufer«). Somit kann vom Wesen Gottes nichts weiter ausgesagt werden, als dass Er *ist* (existiert).

Jede weitere Beschreibung Gottes unterhalb einer Definition seines Wesens, etwa durch Bestimmung seiner Eigenschaften (wie Qualität, Beziehungen und Wirkungen), scheitert gleichfalls am Prinzip der Unveränderlichkeit Gottes. Damit kann zwar ein Begriff Gottes erreicht werden, der *philosophically correct* erscheint, gleichzeitig aber wird jede Form von Glauben unmöglich, da dieser eine Beziehung zwischen Gott und Mensch erfordert. Maimonides hat dieses Dilemma dadurch zu umgehen versucht, dass er die Wirkungen Gottes konsequent auf den Menschen bezogen hat. Seiner Ansicht nach ist Sinn und Zweck der Schöpfung *an sich* unerkennbar. Der Mensch kann die Welt und ihre Ordnungen jedoch als auf sich bezogen begreifen und als Wirkungen Gottes *interpretieren*, die auf den Menschen gerichtet sind. Die Erkenntnis der solcherart definierten Wirkungen Gottes, die sich dem Menschen als wohlgeordnet und ethisch vorbildlich präsentieren, führt zur Annäherung an Gott und bildet somit Ziel und Inhalt des Glaubens. In diesem Sinne verändert sich der Glaube zu einem Denkprozess: Im Denken besteht das einzige einigende Band des Menschen mit Gott, der, Aristoteles zufolge, das »sich selbst denkende Denken« ist. Zwar muss das göttliche Denken als vollkommenes und unerworbenes Wissen prinzipiell vom menschlichen unterschieden werden, es gibt jedoch eine gewisse Analogie zwischen ihnen, welche die unendliche Kluft zwischen Gott und Mensch mildern hilft. Maimonides gelingt mit seinem *Moré Nevukhim* eine grandiose Synthese zwischen aristotelischer Philosophie und jüdischer Religion. Diese war für das Hochmittelalter mit seinen großen Entwürfen der Vereinigung von Glauben und Wissen höchst einflussreich, wie sich in den vielen Zitaten zeigt, mit denen Thomas von Aquin (1225–1274) auf seinen »Rabbi Moyse« zurückgreift.

Kabbala

Etwa zur selben Zeit und in fast demselben geographischen Raum, in der Provence, entwickelte sich aus antiken Wurzeln und unter dem Einfluss der neoplatonischen Emanationslehre die klassische jüdische Mystik. Zu deren Bezeichnung hat sich ab dem 12. Jahrhundert der Begriff →*Kabbala* (hebr. Tradition) eingebürgert. Mystische Strömungen gibt es in nahezu allen großen Religionen. Dennoch ist es außerordentlich schwer, die Bedeutung des Wortes »Mystik« präzise zu umreißen. Der große katholische Theologe Thomas von Aquin bezeichnete sie als »Gotteserkenntnis aufgrund der Erfahrung« oder »auf Erfahrung abzielende Gotteserkenntnis« (*cognitio Dei experimentalis*) und hat damit eine wesentliche Unterscheidung zwischen Religionsphilosophie und Mystik auf den Punkt gebracht: Mystik zielt nicht auf Präzision und Korrektheit in der abstrakten Beschreibung Gottes, sondern ringt um die Möglichkeit der konkreten Begegnung zwischen Gott und Mensch, sei es in einer Bewegung »von unten nach oben«, wenn die Seele des Mystikers die Oberen Sphären schaut, sei es in einem Sich-Verströmen Gottes (*Emanation*) »von oben nach unten«, wenn sich die Gottheit dem Mystiker offenbart.

Die Lehre von den Sefirot

Kernstück fast aller kabbalistischen Systeme ist die Emanationslehre, mit deren Hilfe der Abstand zwischen dem transzendenten Gott und der Welt überbrückt wird. Die neoplatonische Emanationslehre setzt ebenso wie die aristotelische Philosophie voraus, dass Gott unendlich, unwandelbar und somit prinzipiell unerkennbar ist. Dieser nicht offenbare Aspekt Gottes wird in der Kabbala in der Regel als *Ejn Sof* (»ohne Ende«) bezeichnet. Der transzendente Gott hat jedoch seit jeher beschlossen, Kräfte aus sich heraus zu verströmen und somit zu offenbaren. In der Kabbala werden diese Kräfte unter Rückgriff auf antike jüdische Mystik als →*Sefirot* (eigentlich zehn Grundzahlen) gefasst. Quelle dieser Auffassung ist der *Sefer Jezira* (→*Buch der Schöpfung*) aus dem 3./4.

Jahrhundert, in welchem gelehrt wird, dass der Ewige die Welt auf 32 Pfaden, nämlich mit Hilfe der 22 Buchstaben des hebräischen Alphabets und der zehn *Sefirot* (Grundzahlen) geschaffen habe.

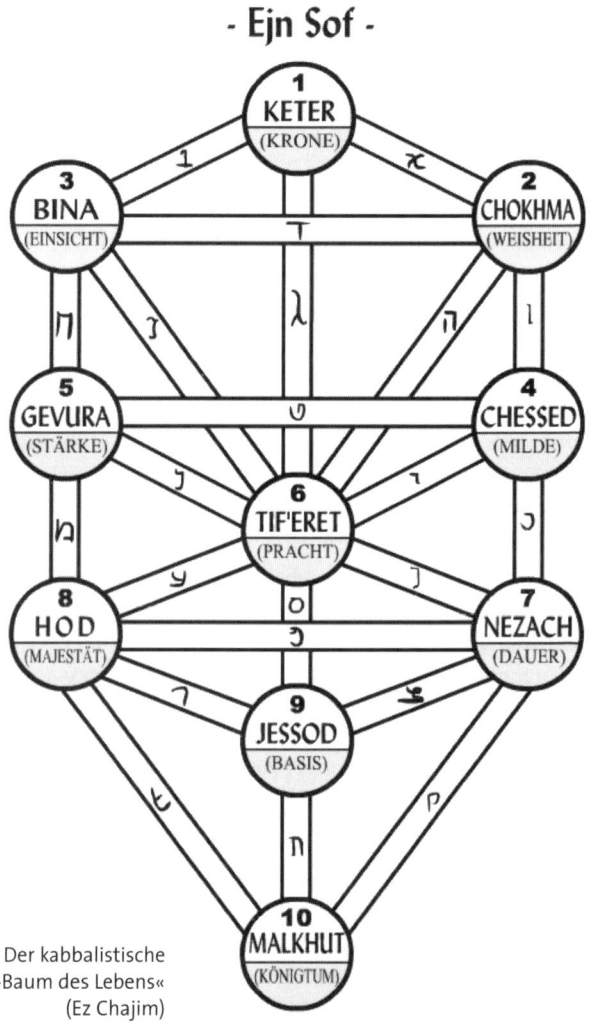

Der kabbalistische »Baum des Lebens« (Ez Chajim)

Die Sefirot gehen von jeher in einer festgelegten hierarchischen Abfolge aus *Ejn Sof* hervor. Die Neoplatoniker und Kabbalisten beschrieben diesen Vorgang in der Metapher der Sonne, die ihre Strahlen aussendet, aber selbst unverändert und unanschaulich bleibt. Die Struktur der Sefirot, in der Kabbala oft als *Ez Chajim* (Baum des Lebens) bezeichnet, entspricht also dem offenbaren Aspekt Gottes, aber auch der Struktur des Kosmos und des Menschen (wie seines mythischen Urbildes). Mehr noch: Die Struktur der Sefirot widerspiegelt sogar die böse Gegenwelt (*Sitra Achra*, »die andere Seite«), welche die Schöpfung je und je bedroht. In der Mehrzahl der mystischen Systeme werden die offenbaren Gotteskräfte, der Kosmos und die Gegenwelt, als ein miteinander verbundenes Ganzes gedacht, in dem jeder Mensch durch sein gutes oder böses Tun die Balance des Alls stören oder fördern kann. Diesem kabbalistischen »Ökosystem« entsprechend, können die Zehn Sefirot mit Grundwerten, Mächten, Farben, Personen, Körperteilen, Orten, Gottesnamen, Naturelementen oder Grundeigenschaften korreliert und meditiert werden. Sie werden zu Gruppen (männlich/weiblich; intellektuelle Funktionen; Himmelsrichtungen) geordnet und zueinander in Beziehung gesetzt.

Es lässt sich denken, welche gigantischen Möglichkeiten sich aus diesem Material ergeben, die alten biblischen und rabbinischen Texte neu zu lesen und mystisch umzudeuten. Vor diesem Hintergrund erstaunt es nicht, dass der *Sohar* (hebr. Glanz), das *magnum opus* der Kabbala, dessen Hauptteile auf Mose ben Schem Tov de Leon (gestorben 1305) zurückgehen, im archaischen Gewand eines Midrasch daherkommt.

Bis zum 16. Jahrhundert, als die Kabbala Jitzchak Lurias (1534–1572) sich in Europa auszubreiten begann, war die jüdische Mystik eine strikt esoterische Lehre; eine Angelegenheit Weniger, die sich in kleinen Zirkeln zum Studium der rasch anwachsenden kabbalistischen Literatur zusammenfanden und die biblischen und rabbinischen Schriften mystisch durchbuchstabierten.

»Der Führer der Verirrten« und »Das Buch des Glanzes«

Die großen jüdischen Werke des Mittelalters waren nicht mehr Kollektiv-, sondern Autorenliteratur. Vom islamischen Geistesleben beeinflusst, zeigten sie sich nicht mehr enzyklopädisch angelegt und strukturell an Bibel oder Mischna ausgerichtet, sondern wissenschaftlich spezialisiert. Die Denker des Mittelalters schufen somit eine für jüdische Augen und Ohren neue Art von Literatur. Ein Blick auf die Struktur des *Moré Nevukhim* (»Führer der Verirrten«) des Maimonides offenbart den schmalen Grat, auf dem dieser sich bei seinen Ausführungen bewegte: Er schrieb sein Buch in Arabisch (nicht in Hebräisch oder Aramäisch), um der intellektuellen Elite des Judentums, vor die Wahl zwischen Tradition und Rationalität gestellt, in *wissenschaftlichen* Termini den *eigentlichen Sinn* der jüdischen Religion zu präsentieren.

Zwischen Tradition und rationaler Philosophie

Damit begab er sich jedoch auf eine Schnittstelle zwischen exoterischer und esoterischer Lehre, zwischen Philosophie und Mystik. Den tieferen Sinn der Bibel zu enthüllen, war nach traditioneller Auffassung arkan. Einige Passagen der Bibel, darunter diejenigen über die Schaffung der Welt (Gen 1–2) und – mehr noch – jene merkwürdige (Nicht-)Beschreibung der unmittelbaren Thronaura des Ewigen (Ez 1–3) durften nicht öffentlich gelehrt werden. Eben sie stehen jedoch im Zentrum dessen, was Maimonides seinen Lesern darlegen will: Einen von aller menschlichen Metaphorik gereinigten Gottesbegriff (Teil I des *Moré*), Beweise für das Dasein Gottes (Teil II) sowie Seine Beziehung zum Menschen (Teil III). Um dennoch den Anschein esoterischen Redens aufrechtzuerhalten, gibt Maimonides der gesamten Abhandlung die fiktive Gestalt eines Briefes an *einen* seiner Schüler: Seine philosophisch-mystische Lehre geschieht also formal nicht öffentlich.

Ein mit philosophischen Traktaten vertrauter Konsument wird den *Moré*, insbesondere dessen ersten und dritten Teil, als chaotisch empfinden. Dieses vermeintliche Durcheinander widmet sich der Allegorese biblischer Begriffe im steten Wechsel mit theoretischen Reflexionen. Wer mit der jüdischen Tradition auf gutem Fuß steht, wird diese Struktur sofort als das erkennen, was es ist: Imitation des biblischen Stils. Eine höchst innovative Synthese aus Tradition und aristotelischer Philosophie wird von Maimonides in das Gewand des Alten und Vertrauten gekleidet, damit die Grenze zwischen öffentlich und arkan gewahrt bleibe. Kontroversen um Maimonides und seine Philosophie blieben dennoch nicht aus – doch von den Generationen nach ihm kam niemand mehr an seinen Positionen vorbei.

Neuer Inhalt in vertrauter Struktur

Ähnlich einflussreich, merkwürdig und strukturell chaotisch präsentiert sich auch ein zweites Schlüsselwerk des sefardischen Mittelalters: der *Sohar*. Er gilt als ein Hauptwerk der klassischen jüdischen Mystik und teilt mit dem *Moré Nevukhim* eine wesentliche Eigenschaft: Das Neue kommt im Gewand des Alten daher. Im Sohar wird dies noch rigoroser vollzogen als durch Maimonides: In Sprache, einem archaisierenden Aramäisch, und Form, einem Midrasch zur Tora und drei →*Megillot*, wird der Eindruck erweckt, es handle sich um ein Werk der rabbinischen Zeit, verfasst von Simon bar Jochai, einem *Tannaiten* zur Zeit Kaiser Hadrians. Tatsächlich kann der Nachweis geführt werden, dass ein gewisser Mose ben Schem Tov de Leon (etwa 1240–1305) zwischen 1280 und 1286 große Teile des Werkes geschrieben hat. Wie der Moré ein philosophisches, so präsentiert der Sohar ein ebenso umfassendes und grandioses mystisches Tableau jüdischen Denkens, in dem die Sefirot als Struktur Gottes und der Welt vorgestellt sowie Ort und Mission des jüdischen Volkes in ihr reflektiert werden. Es geht jedoch nicht um formale Präzision angemessener Rede von Gott,

Sohar

sondern um die verborgenen Kräfte, die das Universum zusammenhalten: Wahrheit spiegelt sich nicht in korrekter Begrifflichkeit und klarer Erkenntnis eigener Grenzen und Fähigkeiten, sondern im Wissen darum, dass alles mit allem zusammenhängt und letztlich auf die Tora gegründet ist.

Zweimal Mose:
Mose ben Maimon und Mose ben Nachman

Maimonides und Nachmanides – die zwei Protagonisten sefardischer Gelehrsamkeit, welche die Nachwelt durch Gräzisierung ihres Namens geadelt hat, illustrieren in Gemeinsamkeit und Unterschied von Biographie und intellektuellem Profil einiges, was für die judeo-spanische Kultur kennzeichnend ist.

Maimonides Rabbi Mosche ben Maimûn (Akronym *Ramba"m*) oder Maimonides wurde im Jahre 1135 in Córdoba geboren, in eine kurze Periode geistiger Renaissance hinein, die mit dem Wirken des ibn Ruschd (Averroes, 1126–1198) verbunden ist und mit der Eroberung Córdobas durch die →*Almohaden* 1148 auch schon wieder beendet war. Die Familie des Maimonides, Erben einer Dynastie von Gelehrten, floh aus der Stadt und zog mehrere Jahre lang kreuz und quer über die Iberische Halbinsel, bevor sie sich 1159/60 im nordafrikanischen Fez, 1165 in Akko und schließlich dauerhaft in Alt-Kairo (Fustad) niederlassen konnte. Bereits in jenen Jahren unsteten Getriebenseins verfasste Maimonides seine ersten Werke, darunter einen Brief, der sich intensiv mit den Konsequenzen der Verfolgung durch muslimische Herrscher befasste. In Reaktion auf das Gutachten eines Rabbiners, dem zufolge bereits das *Schein*bekenntnis zum Islam als Götzendienst zu werten sei, beruhigte er die aufgestörten Gemüter mit seinem »Schreiben über den Zwang zur Konversion« (*Iggeret ha-Schemad*). Er empfahl den zum Islam Konvertierten, das Land der Verfolgung zu verlassen und in ein Gebiet einzuwandern, wo freie Religionsausübung möglich sei. Man solle doch die Gebote leben, nicht aber wegen der Gebote sterben.

Kurze Zeit nach der Ansiedlung in Fustad starben der Vater und der jüngerer Bruder des Maimonides, so dass dieser sein Gelehrtenleben aufgeben und für die Familie sorgen musste. Dabei kamen ihm medizinische Kenntnisse zupass, die er vermutlich in Fez erworben hatte. Maimonides errang ein so hohes berufliches Ansehen, dass er schließlich zum Leibarzt des Kalifen zu Kairo aufstieg und als einflussreiche Persönlichkeit bei Hof mit der Führung der ägyptischen Judenheit betraut wurde. Es ist erstaunlich, dass es Mose ben Maimon trotz dieser Belastung gelang, seine Hauptwerke, den *Mischné Tora* (1180) und den *Moré Nevukhim* (1190), fertig zu stellen. Sein Amt als Leibarzt hielt ihn derart gefangen, dass er nur am Schabbat dazu kam, die vielen Gemeindemitglieder zu empfangen, die sich mit den verschiedensten Anliegen an ihn wandten. Sein Ruf als Helfer und Ratgeber reichte bald weit über Nordafrika hinaus: Juden aus dem Jemen (vgl. den Brief an die Jemeniten, *Iggeret Teiman)* und der Provence baten ihn um Unterstützung. Als Maimonides im Dezember 1204 starb, trauerten die Gemeinden in aller Welt: Sie hatten einen Menschen verloren, der die Juden im islamischen wie im christlichen Herrschaftsbereich durch seine Briefe getröstet und ihnen halachische und philosophische Wegweisung geboten hatte.

Statue des Maimonides in Córdoba, Spanien

Rabbi Mosche ben Nachman (Akronym *Ramba"n*, 1194–1270), war, wie Maimonides eine Generation zuvor, der führende Gelehrte seiner Zeit. Er wirkte aber im christlich dominierten Norden Spaniens und verfügte über ausgezeichnete Kontakte in die Provence und Nordfrankreich mit ihrer je eigenen jüdischen Tradition. Wie Maimonides, diente auch Nachmanides die Medizin als Broterwerb. Wie Maimonides verfasste auch Nachmanides halachische und philosophische Werke. Darüber

Nachmanides

hinaus betätigte er sich jedoch auch als Dichter, Bibelkommentator und Kabbalist. Wie Maimonides wurde auch Nachmanides zum anerkannten Repräsentanten der jüdischen Gemeinden seines Landes – Katalonien – bestellt und schrieb in dieser Funktion Briefe und Responsa.

Disputation von Barcelona   Zum herausragenden Ereignis seines Lebens geriet die öffentliche Disputation mit dem jüdischen Apostaten Pablo Christiani, zu der ihn der katalanische König Jakob I. (1213–1276) nach Barcelona zwang. Vier Tage im Juli 1267 stand Nachmanides dem Pablo Christiani sowie hochrangigen Vertretern der Franziskaner und Dominikaner in Gegenwart des Königs im Streitgespräch gegenüber. Im Mittelpunkt der Disputation stand die Absicht, aus dem Talmud, besonders aus dessen haggadischen Partien, nachzuweisen, dass der Messias bereits auf Erden erschienen, dass er zur Sühne für die Schuld aller Menschen gestorben und dass er sowohl menschlicher als auch göttlicher Natur sei. Damit sollte die Wahrheit des Christentums aus dem Talmud erwiesen und dem Judentum die Basis entzogen werden. Nachmanides brachte die Argumentation dadurch zum Einsturz, dass er die haggadischen Passagen des Talmud als nicht maßgeblich zur Formulierung des jüdischen Glaubens erklärte. Der allegorischen Auslegung der christlichen Disputanten hielt er die wörtliche Bedeutung der Texte entgegen. In einer groß angelegten historischen Betrachtung verwies er auf die widersprüchlichen Wirkungen des Christentums in der Geschichte: den Untergang des Römischen Reiches, den Aufstieg des Islam und die Spur von Blut und Gewalt, welche die Kirche mit zu verantworten habe.

Man hatte Nachmanides die Freiheit der Rede eingeräumt, und der jüdische Gelehrte hatte sie genutzt. Dies führte allerdings nicht zu dem Ergebnis, das sich König und Bettelorden von der Disputation erhofften, da sie der Missionierung der spanischen Judenheit dienen sollte. Die Veranstaltung wurde abgebrochen. Die Mönche verbreiteten, Nachmanides habe die Flucht ergriffen. Dies entsprach jedoch nicht den Tatsachen. Jakob I. und Nachmanides begegneten einander eine Woche später in der Synagoge von Barcelona erneut. Überdies ließ der König dem jüdischen Gelehrten in Anerkennung seiner Leistung eine beträchtliche Geldsumme überreichen.

Barcelona sollte als Disputation mit Redefreiheit für die jüdischen Teilnehmer eine Ausnahme bleiben. Die Missionierungsaktionen nahmen zunehmend gewalttätige Züge an: Schriften wurden zensiert und verboten; bald führte die Inquisition das Zepter. Die Bettelorden erzwangen die Ausweisung des Nachmanides aus Katalonien. Wie Mose ben Maimon, so musste auch Mose ben Nachman sein Heimatland verlassen. Er ließ sich im Heiligen Land nieder, wo er 1270 starb.

Die Flucht ihrer großen Gelehrten, die lokale und temporäre Verfolgung jüdischer Familien in al-Andalus, die sich verschärfenden Kampagnen zur Missionierung in den christlichen Königreichen des Nordens warfen den Schatten der großen Vertreibung von 1492 voraus.

5. Mittelalter: Juden unter christlicher Herrschaft (7. bis 16. Jahrhundert)

Das europäische Mittelalter steht seit der Renaissance unter dem Verdikt des Finsteren und Abergläubischen. Das gilt auch für die traditionelle Darstellung der jüdischen Geschichte jener Epoche, die von Begriffen wie Ghetto, Gelber Fleck und Vertreibung geprägt ist. Tatsächlich aber ist das Ghetto eine Erfindung der Frühen Neuzeit; diskriminierende Kleiderordnung und großflächige Vertreibung eine Frucht des Hochmittelalters. In den Jahrhunderten nach dem Untergang des Römischen Reiches lebten die jüdischen Bewohner Europas zwar im Schatten des Kreuzes, hatten aber doch ihren Platz am Rande der Gesellschaft. Die Entrechtung und Ausgrenzung der Juden aus dem gesellschaftlichen Leben Europas war ein gradueller Prozess, in dem ökonomische Interessen, der Kampf zwischen geistlicher und weltlicher Macht und bewusst geschürte Ängste vor dem Fremden ineinander griffen.

5.1. Zur Geschichte des aschkenasischen Judentums

Im Mittelalter entwickelten sich im christlichen Europa unterschiedliche jüdische Kulturkreise: das Judentum der Iberischen Halbinsel und des Midi (Languedoc und Provence), das Judentum Nordfrankreichs und Mitteleuropas (Aschkenas) sowie das norditalienische Judentum. Aufgrund der besonderen äußeren Bedingungen in den jeweiligen Heimatländern zeigten sich das spanische und südfranzösische Judentum den Einflüssen von außen (etwa der Philosophie) offener als das aschkenasische. Die Gemeinden des Midi profitierten nämlich von der ungebrochen urban und »römisch« geprägten Kultur der mediterranen Lande; sie waren weit besser integriert als ihre Geschwister im Norden Europas. Die Juden des Rheinlandes und Nordfrankreichs fühlten sich darüber hinaus, anders als die Gemeinden Südwesteuropas, den palästinischen Traditionen enger verbunden als den babylonischen. Im Zentrum der folgenden Darstellung wird Aschkenas stehen, das mit seinem Ausläufer, der jüdischen Gemeinschaft Osteuropas, bis auf den heutigen Tag das Gesicht des Judentums prägt.

Neben »Babylon« und Italien waren es die deutschen Länder, in denen Juden länger als irgendwo sonst ununterbrochen wohnen durften. Die ältesten Belege für jüdische Siedlungen auf dem Territorium des späteren Deutschland stammen aus Köln (Colonia Agrippina 321, 331). Es ist unklar, ob die Gemeinde Kölns die nachfolgenden Jahrhunderte kontinuierlich überdauerte, da die nächsten eindeutigen Nachrichten über jüdische Gemeinden im Rheinland bereits in die Zeit der Karolinger (917 Mainz, 980 Worms, 981 Regensburg und Köln) datieren. Die Ära jener fränkischen Könige (insbesondere Ludwigs des Frommen, 814–840) ist von einer Gratwanderung zwischen diskriminierenden Vorschriften, wie sie insbesondere von Konzilien erlassen wurden, und königlichen Schutzprivilegien bestimmt, die jüdischen Kaufleuten zugunsten der fränkischen Wirtschaft zuerkannt wurden. Diese sensible Balance, die auch unter den nachfolgenden Dynastien der Ottonen und Salier im wesentlichen Bestand hatte, verbunden mit der wachsenden Eigenständigkeit großer Städte, verhalf den Gemeinden des Rheinlands ab dem 9. Jahrhundert zur Blüte. Der germanisch dominierte Norden Europas war eine in weiten Teilen ländlich geprägte Gesellschaft. Die aus der Römer-

Aschkenas unter den Karolingern, Ottonen und Saliern

zeit stammenden Städte waren eher Fremdkörper in dieser feudalen Ordnung. Kaufleute schienen moralisch suspekt. So lag denn der Fernhandel für einige Zeit in jüdischen Händen – bis etwa ab dem 11./12. Jahrhundert auch die Christen den Charme dieses Gewerbes für sich entdeckten und die Kirche ihre Vorbehalte gegen den Mammon pragmatischer formulierte.

Die jüdischen Gemeinden im Rheinland

Die wachsende kulturelle Bedeutung des rheinischen Judentums zeigt sich am deutlichsten an der Mainzer Gemeinde. Ihr Aufschwung wird traditionell mit der Familie Kalonymos in Verbindung gebracht, die aus Lucca eingewandert war und für Generationen das geistige Leben des rheinischen Judentums prägte. Die Kalonymiden brachten aus Italien jene liturgischen Traditionen Palästinas mit, die das aschkenasische Judentum dauerhaft von ihren sefardischen Geschwistern unterscheiden sollten. Um die Jahrtausendwende wurde in Mainz eine Jeschiva gegründet, die sich alsbald zu einem Zentrum des europäischen Judentums entwickelte und für eine Autonomie des Abendlandes gegenüber »Babylon« sorgte. Zum größten Gelehrten der Mainzer Jeschiva wurde Rabbi Gerschom ben Jehuda (960–1040), genannt »Leuchte des Exils« (*Me'or ha-Gola*). Mit seinen →*Takkanot* suchte er das Leben der Gemeinden an ihr christliches Umfeld anzupassen. Auch in Speyer und Worms entstanden bedeutende Jeschivot, so dass die bis dato für die deutschen Lande mitverantwortlichen Rabbiner von Troyes den drei Gemeinden mit ihren Schulen die richterliche Zuständigkeit für Aschkenas einräumten. Der herausragende Spross der Wormser Jeschiva war Schlomo ben Jitzchaki, besser bekannt unter dem Akronym *Rasch"i* (1040–1105), der bedeutendste Kommentator von Bibel und Talmud.

Das Anwachsen der rheinischen Judenheit und deren kulturelle Blüte standen jedoch auf tönernen Füßen, wie Vertreibungen und Zwangsmaßnahmen (1012 Mainz) verdeutlichten. Die Gleichstellung der Juden, wie sie das römische Reichsrecht bis zum 5./6. Jahrhundert noch vorgesehen hatte, wurde zunehmend durch Repression und Ausgrenzung in Frage gestellt. Die Privilegien der Könige konnten (und wollten) demgegenüber keine neue juristische Sicherheit schaffen. Sie konkurrierten mit kirchlichen Rechtsvorstellungen und den Machtansprüchen von Territorialfürsten und hatten oft den ökonomischen Nutzen zum Motiv. Die Schutzbriefe der Karolinger und ihrer Nachfolger bezogen sich in der Regel auf einzelne Juden oder jüdische Gemeinden, die für die deutschen Kaiser den Fernhandel mit Afrika und Asien organisierten. Im Zuge der Wiederbelebung städtischen Lebens im 12. Jahrhundert entstanden Gilden christlicher Kaufleute, die jüdische Händler eher als Konkurrenz, denn als ökonomisches Potenzial ansahen. Es begann ein Prozess der Ausgrenzung der jüdischen Bewohner Europas, der ab dem 13./14. Jahrhundert in Stigmatisierung, Entrechtung und Vertreibung mündete.

Rechtsposition der Juden im christlichen Europa

Die Rechtsposition der Juden unter christlicher Herrschaft war stets von einem Gegeneinander theologischer und ökonomischer Erwägungen geprägt und von Unsicherheit bestimmt. Ausgangspunkt der Entwicklung war der *Codex Theodosianus* (vor allem Buch 16, 8.9), der unter restriktiven Auflagen die Tolerierung der jüdischen Religion vorschrieb. Die frühe mittelalterliche Kirche folgte im Wesentlichen dieser Linie. Wichtige Positionen finden sich in der Bulle *Sicut Iudeis*, mit der römische Päpste bis in das 13. Jahrhundert hinein jüdische Rechte garantierten. Theologisch fußten diese auf der Lehre des Kirchenvaters Augustin (354–430), der zufolge Gott den Juden gestattet habe, unter den Christen zu (über)leben, um als Zeugen für den Zorn Gottes und die Wahrheit des Christentums zu fungieren. Eine Zusammenfassung päpstlicher Vorgaben bot das IV. Laterankonzil 1215, welches unter dem Eindruck antijüdischer Hetze der Bettelorden kirchliche Maßnahmen gegen Juden (und Sarazenen) bestätigte. Zu diesen gehörten das Verbot des Wuchers und der Zulassung zu öffentlichen Ämtern sowie die Kennzeichnungspflicht der Kleidung. Mit den päpstlichen Konstitutionen konkurrierte das königliche Recht, das mit der »Kammerknechtschaft«

ebenfalls theologische Begründungen, wie die der »ewigen Knechtschaft« der Juden aufgriff. Die Rechtsform der Kammerknechtschaft, erstmals von Heinrich IV. (1056–1106) für die Gemeinde von Speyer und Worms formuliert und von Kaiser Friedrich II. (1212–1250) auf das gesamte Land ausgedehnt, bezeichnete zunächst die unmittelbare Verantwortung der kaiserlichen »Kammer« für die jüdischen Untertanen; entwickelte sich aber später zu einem Handelsobjekt (»Judenregal«), das man den Territorialfürsten zur zeitweiligen finanziellen Ausbeutung verpfändete. So setzten kirchliche und weltliche Macht eine durchgreifende Verschlechterung durch, indem sie die jüdischen Bewohner weniger als Schutzbefohlene sahen, sondern vielmehr zu einer fiskalischen Einkunftsquelle verdinglichten. Hatten die jüdischen Gemeinden für eine Stadt oder ein Territorium ihre ökonomische Nützlichkeit eingebüßt, entledigte man sich ihrer durch dauernde (England 1290, Frankreich 1394, Spanien 1492) oder zeitweise Vertreibung (deutsche Städte und Länder, vor allem im 15. Jahrhundert).

Trauma der Kreuzzüge Das Ereignis in der Geschichte der Juden Europas, das die aschkenasische Mentalität wesentlich prägen sollte, waren die Massaker an den Gemeinden des Rheinlandes, Regensburgs und Prags im Dunstkreis des Ersten Kreuzzugs im Jahre 1096. Papst Urban II. (1088–1099), Initiator der Kreuzzüge, war Anhänger der Reformen von Cluny. Diese sollten einer von neuem mönchischen Eifer beseelten Kirche dazu verhelfen, die weltlichen Herrscher Europas ihrem geistlichen Zepter unterzuordnen. Als Byzanz die lateinische Kirche um Hilfe gegen die muslimischen →*Seldschuken* bat, sah Urban seine Stunde gekommen, dem universalen Anspruch der Römischen Kirche auch militärisch zu entsprechen. Auf dem Konzil von Clermont erließ er einen Aufruf zur Befreiung des Heiligen Landes von den »Feinden Gottes«, der auf enorme Resonanz stieß. Wanderprediger verbreiteten die Botschaft auch im einfachen Volk, so dass der französische Adel wie auch landlose Bauern, betroffen von einer tiefen Agrarkrise, in Erwartung spiritueller wie ökonomischer Segnungen »das Kreuz nahmen«. Angestachelt durch die Prediger gestalteten sich Sammlung und Aufbruch der Kreuzfahrer chaotisch, so dass einzelne »Haufen« ungeordnet nach Osten aufbrachen (sog. »Bauernkreuzzug«). Sie waren es, welche den Auftrag des Papstes dahingehend verstanden, zunächst die »Feinde Gottes« im eigenen Land zu bekämpfen. Tausende von Kreuzfahrern fielen über die Juden in Lothringen und im Rheinland her. Im Mai und Juni 1096 waren die Gemeinden in Worms (800 Tote), Mainz (1.014 Tote) und Köln verheert. Vor die Wahl gestellt, sich gewaltsam taufen zu lassen oder zu sterben, wählten viele Juden den Märtyrertod (*Kiddusch ha-Schem*, Heiligung des Namens [Gottes]). Etwa ein Viertel der jüdischen Bevölkerung Mitteleuropas, insgesamt ungefähr 5.000 Menschen, fiel den Massakern zum Opfer. Mit Ausnahme des Bischofs von Speyer, der sich den Mördern erfolgreich in den Weg stellte, versagten die Schutzmächte der Juden, sowohl Kaiser als auch Kirche, vollständig. Die jüdischen Gemeinden mussten begreifen, dass ihnen in der Stunde der Gefahr (und diese wiederholte sich mit jeder neuen Kreuzzugskampagne und später in den Jahren der Pest) niemand effektiv beistehen würde.

Die Erfahrung von Einsamkeit angesichts des tobenden Pöbels, das tief sitzende Gefühl des Verlusts hatten enorme Auswirkungen auf die spirituelle und geistige Mentalität des aschkenasischen Judentums. Das Trauma der Vernichtung fand insbesondere in der synagogalen Liturgie seine Aufarbeitung. Listen, auf denen die Namen der Ermordeten verzeichnet waren (Memorbücher), an Feiertagen wie dem Jom Kippur verlesen, Klagelieder und Fasten begleiteten von nun an das Leben der Gemeinden. Gebete, die in jener Zeit entstanden sind, prägen bis heute das gottesdienstliche Leben in Aschkenas – immer wieder aktualisiert durch neues Leid.

Jom Kippur Der Versöhnungstag *(Jom Kippur)* gilt als der höchste Feiertag Israels. Er geht auf biblische Wurzeln zurück (Lev 23) und diente ursprünglich der kultischen Reinigung des Tempels, der Priesterschaft und des ganzen Volkes. Zehn Tage nach dem Beginn des neuen Jahres *(Rosch ha-Schana)* am 10. Tischri, versammelte sich das Volk in den Höfen des Tempels zu Jerusalem, um den Vollzug der Sühneopfer mitzuerleben. Während die Opfertiere für Priester und Tempel an Ort und Stelle geschlachtet wurden, trieb man den »Sündenbock«, der symbolisch mit der Schuld des Volkes beladen wurde, in die Wüste. Besondere Spannung kam auf, sobald der Hohepriester mit dem Blut der Opfertiere das Allerheiligste des Tempels betrat, um das Heiligtum zu entsühnen. Nur an diesem Tag des Jahres durfte ein Mensch dem Ewigen derart nahe kommen, und das Volk war erleichtert, wenn der Hohepriester unversehrt auf den Tempelhof zurückkehrte. Seit der Zerstörung des Tempels im Jahre 70 wird dieses Ritual, die *Avoda*, im Zusatzgottesdienst *(Mussaf)* des Jom Kippur rezitiert und spirituell miterlebt. Im Laufe der Geschichte entwickelte sich der Jom Kippur zu einem strengen Fastentag, der durch die unmittelbar vorangehenden Zehn Bußtage intensiv vorbereitet wird. Während jener zehn Tage gelten die Bücher des himmlischen Gerichts als geöffnet, und man tut gut daran, sich mit seinen Mitmenschen zu versöhnen, bevor am Ende des Jom Kippur das Urteil Gottes für ein ganzes Jahr besiegelt wird. Der Versöhnungstag selbst gilt dem Verhältnis zwischen Mensch und Gott. Er ist geprägt durch die nahezu nahtlos ineinander übergehenden Gottesdienste und die fünf Enthaltungen: Am Jom Kippur verzichtet man auf das Essen, Trinken, auf Sex, die Körperpflege sowie den Luxus von Lederschuhen. Die Gemeinde verbringt den Tag in weißen Gewändern in der Synagoge, flehentlich die Vergebung des Ewigen für ganz Israel erbittend.

Die Bereitschaft, eher sich selbst zu töten als sich taufen zu lassen, veränderte die jüdische Martyrologie nachhaltig. Noch im Talmud waren die Gründe für den Kiddusch ha-Schem auf drei eingeschränkt worden: öffentlicher Götzendienst, Unzucht und Mord (bSan 74a). Dabei waren die Rabbinen jedoch davon ausgegangen, sich lieber *töten zu lassen*, als eines der genannten Verbrechen zu begehen. Die bedrängten Juden des Rheinlandes hatten jedoch Hand an sich und ihre Familien gelegt, um die Taufe zu verhindern. Es war dieser heilige Ernst vieler unschuldiger Opfer, der die Gemeinden zu »Heiligen Gemeinden« werden ließ und ihren Zusammenhalt stärkte.

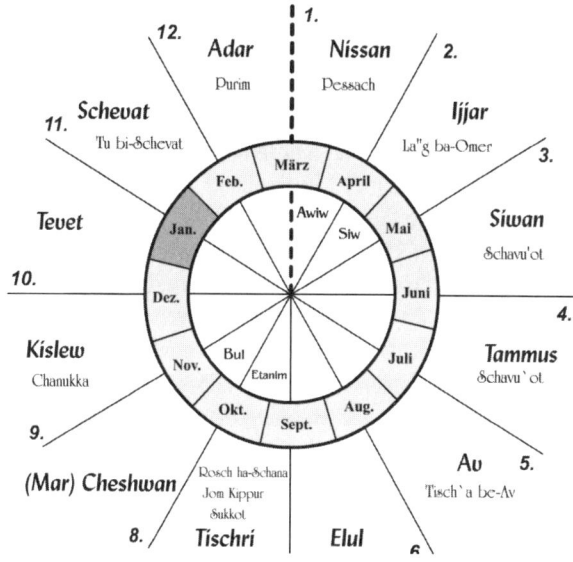

Das jüdische Jahr

Eine weitere wichtige Konsequenz der Kreuzzugsära war die Entstehung einer spezifisch aschkenasischen Mystik, der *Chassidé Aschkenas* (Fromme von Aschkenas). Die zahlenmäßig vermutlich sehr kleine Gruppe von frommen Männern verstand sich als Bußbewegung, die sich als Elite Israels an die Spitze einer spirituellen Erneuerung setzen wollte. Obwohl die eigentliche Blütezeit der Chassidé Aschkenas kurz war (ca. 1150–1250) und deren Begründer, Samuel und Juda he-Chassid aus der Familie der Kalonymos, keine offiziellen Funktionen bekleideten, prägten sich ihre Ideale tief in das Bewusstsein der Gemeinden. Der *Sefer Chassidim* (Buch der Frommen) des Juda he-Chassid, die wichtigste Schrift jener Gruppe, wurde zur beherrschenden Ethik des aschkenasischen Judentums (vgl. S. 111 ff.).

Chassidé Aschkenas

Nach den Massakern von 1096 konnten sich die jüdischen Gemeinden erstaunlich schnell konsolidieren. Ihre Zentren wanderten jedoch ostwärts. Sie nahmen zwar an Anzahl zu, waren aber deutlich kleiner als zuvor. Das spirituelle und geistige Leben erblühte erneut, während sich ab dem 12. Jahrhundert die rechtliche und ökonomische Lage kontinuierlich verschlechterte. Der Aufschwung der Städte, die Bildung der Kaufmanns- und Handwerkergilden führten zu einer Verdrängung der Juden aus dem Fernhandel in die Geld- und Pfandleihe, die den Christen wegen des Zinsverbots nicht möglich war.

Antijüdische Stereotypen   Kirchliche Propaganda, insbesondere der Bettelorden, untersetzte das allgemeine Unbehagen mit einer ideologischen Grundlage. Die einzige religiöse Minderheit Europas wurde dämonisiert und durch teils »theologisch«, teils ökonomisch begründete Stereotypen stigmatisiert. Das im IV. Lateranum (1215) neu formulierte Dogma von der Eucharistie, dem zufolge sich Brot und Wein tatsächlich in das Fleisch und Blut Christi verwandelten (»Transsubstantiation«), wurde beispielsweise zur ideologischen Grundlage des »Hostienfrevels«. Man beschuldigte einzelne Juden oder ganze Gemeinden, geweihte (also verwandelte) Oblaten gestohlen zu haben, um sie mit Messern zu durchbohren und somit Christus »ein zweites Mal« zu töten. Für angeblich blutende Hostien wurden Wallfahrtsstätten (sog. »Wunderblutkapellen«) errichtet, die vermeintlichen Täter erwartete Folter und Tod. Von ähnlicher Absurdität war der Vorwurf, Juden würden christliche Kinder töten, um aus deren Blut Mazzot für das Pessachfest herzustellen. Als schließlich in Europa die Pest ausbrach (1348–1350), war man sich schnell darüber einig, dass die Juden die Brunnen vergiftet hätten; man vertrieb und ermordete Tausende von ihnen.

Obwohl sich das Stereotyp jüdischen »Wuchers« als geradezu unverwüstlich erweist, war die Ära der jüdischen Geldleihe größeren Stils im 14. Jahrhundert im

Wesentlichen schon wieder beendet, als sich ein christliches Bank- und Kreditwesen (Lombarden) zu entwickeln begann. Wiederum vollzog sich ein Verdrängungsprozess, der die Juden aus den Städten aufs Land, aus dem Bankwesen in die Kleinkredite trieb. Dadurch gerieten jedoch der niedere Adel und Landbevölkerung in direkten Kontakt mit jüdischen Geldgebern, unter Umständen auch in Abhängigkeit von ihnen, wodurch sich antijüdische Ressentiments noch verstärkten. Diese Entwicklung wurde für die kleinen, über weite Gebiete verstreuten Gemeinden doppelt gefährlich, da die Juden für den König und die Reichsstädte dadurch ökonomisch entbehrlich wurden. Deren Vertreibung aus ländlichen Gebieten konnte für die verschuldeten Adligen hingegen kurzfristige finanzielle Vorteile einbringen. Folgerichtig wurde die »Kammerknechtschaft« von einer Schutzfunktion zu einem fiskalischen Instrument, dem »Judenregal«: Im Falle finanzieller Engpässe verpfändete der König einem Territorialherrscher das Recht, von »seinen Juden« Schutzgelder einzutreiben. Manchmal ließ er sich die Duldung oder gar die Vertreibung bestimmter jüdischer Gemeinden von den betroffenen lokalen Machthabern bezahlen. Wenn jüdische Familien hingegen versuchten, ein Land zu verlassen, konnten sie wieder eingefangen werden, da sie »Kammerknechte« des Kaisers waren, ihm also mit Haut und Haar gehörten. Mit der Umwandlung von Schutzbefohlenen zu Objekten finanzieller Transaktionen war die Entrechtung der Juden Europas vollkommen.

Antijüdische Ressentiments und ökonomische Bedürfnisse sorgten dafür, dass im 15./16. Jahrhundert eine Ausweisungswelle vor allem durch die deutschen Städte, aber auch durch die ländlichen Territorien schwappte. Neben der Vertreibung sorgten Entrechtung und Ausbeutung dafür, dass in jener Zeit ein großer Teil der Juden vor allem ostwärts wanderte. Polen und Litauen, in geringerem Umfang auch Norditalien, wurden zur neuen Hei-

Frühe Neuzeit

mat für die Emigranten. Der Anbruch der Neuzeit, Humanismus und Reformation, konnten (und wollten) am Prozess der Ausgrenzung der Juden aus der Gesellschaft nichts ändern. Von einzelnen Ausnahmen wie Wolfgang Capito (1478–1541) und Andreas Osiander (1498–1552) einmal abgesehen, waren die Reformatoren nicht weniger antijüdisch eingestellt als ihre katholischen Kollegen. Wie bei Martin Luther (1483–1546), der sich in seiner späten Phase zu scharfen Polemiken gegen das jüdische Volk hinreißen ließ, lag die Wurzel dieser Feindschaft in enttäuschten Erwartungen: Viele Reformatoren hatten darauf gesetzt, die Wiederentdeckung der Bibel als Richtschnur des christlichen Glaubens würde in eine massenhafte Konversion der Juden münden, was letztlich die Endzeit heraufführen könnte. Das erwachende Interesse der Humanisten an der hebräischen Sprache und am Korpus rabbinischer und kabbalistischer Schriften ließ zwar eine neue Wissenschaft, die christliche Hebraistik, entstehen, deren Vertreter waren jedoch am ›real existierenden Judentum‹ nicht positiv interessiert.

Das urbane deutsche Judentum gehörte im Wesentlichen der Vergangenheit an. Die organisierten Gemeinden hatten sich weitgehend aufgelöst. Zurück blieben kleine und kleinste soziale Gruppen, die in den Vorstädten und auf dem Land den Zwischenhandel zwischen Bauern und Bürgern organisierten. Die Zukunft von Aschkenas lag im Osten.

5.2. Profile des aschkenasischen Judentums: Kommentar und Liturgie

Alt und Neu: Die Aufarbeitung von Tradition und Gegenwart in Aschkenas

Das intellektuelle Leben in Nordfrankreich und den deutschen Ländern unterschied sich tiefgreifend von der jüdischen Geisteswelt unter muslimischer Ägide. Die Gründe dafür sind vielfältig: Marginalisierung und Verfolgung durch die christliche Umwelt zwangen den Blick eher nach innen; führten zu größerer Nähe zu alten literarischen Traditionen wie dem Midrasch, den Responsa und vor allem der talmudischen Argumentation. Die Wissenschaft im islamischen Raum war, was Spezialisierung und geistige Offenheit betraf, der im Abendland weit voraus – und den *Dhimmis* (Christen wie Juden) standen im Unterschied zu den Gemeinden im christlichen Europa Ressourcen und Austausch offen. Das aschkenasische Lehrhaus, zumeist im selben Gebäude wie die Synagoge (daher die Bezeichnung *Schul* für beide) beheimatet, bot mit seinem Zusammenleben von Lehrern und Schülern in gewisser Weise die Fortsetzung des rabbinischen Ideals einer intensiven Lernbeziehung. Im Mittelpunkt des Studiums stand der Talmud, der mit Ehrfurcht und Sorgfalt diskutiert und kommentiert wurde. Beides, die Hochachtung für die Meister des Lehrhauses und die hingebungsvolle Liebe zum Talmud, fand ihren literarischen Ausdruck in den *Tossafot* (»Addenda«), Sammlungen von Anmerkungen zum Talmud. Kristallisationspunkt der Tossafot waren die Ausführungen Rasch"is (vgl. S. 113 ff.), dessen Talmudkommentar für Generationen jüdischer Gelehrter Studienmethode und -material bot. Von Nordfrankreich und Aschkenas ausgehend, verbreitete sich die Methode der Tossafot in die Provence und nach Sefarad, wo sie im 13. Jahrhundert das Talmudstudium zu beeinflussen begann. Ihre klassische Form erhielten die Tossafot durch die Nachkommen Rasch"is, insbesondere seine Enkel, Samuel ben Me'ir (ca. 1080/85–1174) und Jakob ben Me'ir, genannt *Rabbejnu Tam* (»unser vollkommener Lehrer«, ca. 1100–1171). Prinzip der tossafistischen Methode war es, durch den Vergleich von Textvarianten, Kommentaren und Strategien der Argumentation schwierige Passagen des Talmud zu klären.

Synagogale Poesie

Ein zweites bedeutendes Wirkungsfeld aschkenasischer Kultur bildete die synagogale Poesie, der *Pijjut* (hebr./griech. Poesie). Die Einfügung liturgischer Dichtung in den Gottesdienst ermöglichte es den einzelnen Gemeinden, insbesondere das Trauma der Kreuzzüge und diverser lokaler Verfolgungen zu bearbeiten. Dies hatte allerdings zur Folge, dass sich, je nach den konkreten Erfahrungen der jüdischen Gemeinden, örtlich verschiedene Formen des Gedenkens in Gebet und Festen herausbildeten. Man bezeichnet diese lokalen Ausprägungen als *Minhag* (Brauch). Die liebevolle und äußerst genaue Beachtung des jeweiligen Minhag sind für das Selbstverständnis der alten und berühmten Gemeinden von Aschkenas von großer Bedeutung gewesen. Widerspiegelten sie doch die Dignität, die jenen Orten als Schauplatz des Kiddusch ha-Schem zukam. Nach der babylonischen Jeschiva und ihrer enzyklopädischen Synthese, der sefardischen Symbiose von jüdischer Tradition mit philosophischer Kultur schuf Aschkenas in seinem liturgischen Minhag ein wiederum eigenes Modell, das Exil zu einer (wenn auch schwierigen) Heimat und zur Quelle einer eigenen Identität werden zu lassen.

Die Legende von der Entstehung des synagogalen Hymnus →*U-Netané Tokef* zum Neujahrsfest (*Rosch ha-Schana*) möge diesen Zusammenhang illustrieren: Rav Amnon von Mainz, von dem nicht mehr bekannt ist, als dass er zur Zeit der Kreuzzüge gelebt haben soll, wurde wiederholt vor den Bischof zitiert und zur Konversion genötigt. Unter dem wachsenden Druck sagte Rav Amnon zu, sich die Sache drei Tage lang überlegen zu wollen, bereute diese Aussage jedoch fast im selben Moment. Er erlegte sich eine harte Buße auf, in deren Gefolge er krank wurde und sich außer Stande sah, nach Ablauf der Frist wieder beim Bischof zu erscheinen. Daraufhin ließ der ihn von seinen Soldaten holen und, angesichts seiner strikten Weigerung zu konvertieren, foltern. Den sterbenden Rav Amnon entließ er. Jener aber bat darum, in die Synagoge getragen zu werden, wo er den Hymnus vortrug und sogleich starb.

> Es ist nicht ganz adäquat, von einem jüdischen »Gottesdienst« zu sprechen, da es sich eher um ein Gebet bzw. eine Abfolge von Gebeten, als um einen (kultischen) Dienst an Gott handelt. Dessen Grundlage ist die rabbinische Entscheidung, nach der Zerstörung des Tempels die dort vollzogenen Opfer durch Gebete zu ersetzen. Die Gebetszeiten am Abend (*Ma'ariv* oder *Arevit*), am Morgen (*Schacharit*) und am Nachmittag (*Mincha*) sowie die Zusatzgebete an Festtagen (*Mussaf*) orientieren sich an den (fest)täglichen Opfern im Tempel zu Jerusalem. Im Zentrum der synagogalen Liturgie steht die →*Amida*. Sie wird in jedem Gottesdienst gesprochen, weshalb man sie auch schlicht *Tefilla*, Gebet, nennt. Die Amida wird von einem Eingangsteil, in dessen Zentrum das Schm'a Jisra'el steht, und einem Abschluss (mit →*Alenu* und →*Kaddisch*) gerahmt. An manchen Tagen folgt auf die Amida die Lesung des wöchentlichen Tora-Abschnitts mit dem zugehörigen Prophetentext (*Haftara*). In einigen Gemeinden wird am Schabbatmorgen auch eine Predigt zur Tora gehalten. Es gibt deutliche Unterschiede zwischen liberalen, orthodoxen, sefardischen und aschkenasischen Riten.
>
> **Jüdischer Gottesdienst**

Das »Buch der Frommen« (Sefer Chassidim)

»Kein anderes Buch aus diesen Jahrhunderten erlaubt uns, so tief in das wirkliche Leben einer jüdischen Gemeinschaft in allen ihren Äußerungen Einblick zu gewinnen. [...] Das Leben im »Buch der Frommen«, obgleich unter eine große Idee gestellt, ist mit wahrhaft aufregender Realistik gezeichnet. So eröffnet dieses Buch jene leider nicht allzu lange Reihe von Werken, [...] die echte jüdische Lebensdokumente und unverfälschte Zeugen ihrer Zeit sind, indem sie nicht nur die Wahrheit, sondern auch die ganze Wahrheit sagen.« (Scholem 1988: 90)

Aufbau des jüdischen Gottesdienstes

MINCHA	AREVIT/MA'ARIV	SCHACHARIT
\multicolumn{3}{c}{**EINGANGSTEIL**}		

EINGANGSTEIL
Psalmen (Mincha: Ps 145; Schabbat: »Empfang des Schabbat« Ps 95–99, 29)
Lob Gottes, Studientexte aus Bibel und Talmud, *Schacharit*: Morgengebete, »gesungene Verse«: Ps 145, 146–150 u.a. Bibelverse

---

ERÖFFNUNG
Barchu (»Preist den Ewigen, den Gepriesenen!«)

SCHM'A JISRA'EL
2 Lobsprüche   2 Lobsprüche
Schm'a Jisra'el (Dtn 6,4–9; 11,13–21; Num 15,37–41)
2 Lobsprüche   1 Lobspruch

AMIDA (TEFILLA, ACHTZEHNBITTENGEBET, SCHMONÉ ESSRÉ)
An Wochentagen: 19 Bitten (*Berakhot*)
An Schabbat und Festtagen: 6 Bitten (Berakhot 1–3 – Einschübe* – Berakhot 17–19*)
(*Einschübe zur Heiligung des Tages; Einschübe in Bitten 17–19: nicht am Schabbat)

GEBETE
An Werktagen: *Tachanun* (Bittgebete); zu *Rosch ha-Schana* bis *Jom Kippur*:
Sündenbekenntnis und Bitten um Vergebung; an anderen Festen:
Hallel (Ps 113–118) des jeweiligen Feiertages

TORALESUNG
(Montag, Donnerstag, Schabbat)
Ausheben der Rolle aus dem Toraschrein – Prozession der Rolle – Aufruf von Lesern – Lesung; am Schabbat-Morgen: auch Prophetenlesung (*Haftara*), in liberalen/konservativen Gemeinden: Predigt – Gebete – Einheben der Rolle

---

An Schabbat und Festtagen in konservativen/orthodoxen Gemeinden:
Zusatzgottesdienst MUSSAF

ABSCHLUSS
Alenu – Kaddisch – Adon Olam und/oder andere Gebete

Der Sefer Chassidim, hier mit den Worten des großen Erforschers der jüdischen Mystik, Gershom Scholem, eingeführt, ist das Manifest des aschkenasischen Chassidismus. Es ist umstritten, ob sich hinter ihm eine *Gruppe* von Mystikern verbarg oder ob es sich allein um die Vorstellungen des Autors des Sefer Chassidim handelte. Diese zeichneten sich vor allem dadurch aus, dass sie mit dem *Chassid* ein ungewöhnliches Frömmigkeitsideal schufen. Ein Chassid strebt nicht nach diesseitigen Gütern. Er ist ein Asket, der sich von Begierden und Werturteilen des Alltags abwendet und seine leiblichen Bedürfnisse unterdrückt. Er erträgt die Beleidigungen und den Spott, welche die unwissende Welt seiner Lebensweise entgegenbringt. Zugunsten anderer Menschen nimmt er seine Ansprüche zurück und besteht nicht auf seinem Recht. Diese seine Grundsätze führen den Chassid schließlich zur reinen Gottesliebe, welche die Seele erfüllt. Der verachtete und geschmähte Fromme, der gleichmütig alles erträgt, ist jedoch tatsächlich der verborgene Herrscher der Welt, der es mit seinem Gebet versteht, die Mächte zu unterwerfen. Gebetsmystik und ein streng ausgeführtes Bußsystem sind wesentlich für die chassidische Frömmigkeit. Der überlieferte Text der Gebete, der Zahlenwert ihrer Worte und Buchstaben, bestimmt ihre Wirkmacht im Gebrauch des Frommen. Ein genau festgelegter Katalog von Vergehen und ihnen zugeordneten Strafen verhilft ihm zur Vervollkommnung seiner selbst.

Rabbi Schlomo ben Jitzchaki – Rasch"i (1040–1105)

Wer immer sich ernsthaft dem Studium der Hebräischen Bibel oder des Talmud widmet, kommt an der Frage: Was sagt denn Rasch"i dazu? nicht vorbei. In jeder traditionellen jüdischen Bibel- oder Talmudausgabe findet sich der Kommentar dieses großen Gelehrten der nordfranzösisch-aschkenasischen Exegetenschule. Das erste jemals gedruckte hebräische Buch war – eine hebräische Bibel mit den Anmerkungen Rasch"is (1475 in Italien).

Die Kenntnisse über das Leben des Schlomo Ben Jitzchak sind dennoch spärlich. Er soll, 65-jährig, am 13.7.1105 in Troyes gestorben sein. Vermutlich ist jene Stadt auch sein Geburtsort. Dort erhielt er seinen ersten Unterricht, womöglich bei seinem Vater, den er hin und wieder als Quelle seines Wissens erwähnt. Mit etwa zwanzig Jahren unternahm er die mühsame Reise nach Mainz, um seine Studien an der dortigen Jeschiva fortzusetzen. Dieses Vorgehen war für die damalige Zeit ungewöhnlich, zeugt jedoch für den engen kulturellen Zusammenhalt zwischen den Juden des Rheinlandes und Nordfrankreichs – und den Bildungshunger des jungen Gelehrten. Bevor er 1067 zum ersten Mal in seine Heimat zurückkkehrte, suchte er die Jeschiva zu Worms auf, an die er fünf Jahre später noch einmal zurückkehrte.

Familie Raschi"s Zu jener Zeit gab es in Zentraleuropa das Amt des Rabbiners noch nicht. Die Gelehrten ernährten sich (und ihre Schüler!) von ihrer Hände Arbeit. Womit Rasch"i allerdings seinen Lebensunterhalt bestritt, ist unbekannt – vielleicht war er, wie viele Menschen der Champagne, Winzer. Es gelang ihm, in Troyes eine Jeschiva zu etablieren. Zu den berühmtesten seiner vielen bedeutenden Schüler gehörten die Ehemänner seiner drei Töchter. Sie wurden jedoch noch überstrahlt von Rasch"is Enkeln, deren Werke zu den Klassikern der aschkenasischen Talmudinterpretation (Tossafot) gehören.

Merkwürdigerweise findet sich in den Schriften Rasch"is kein Hinweis auf das tragische Schicksal der rheinländischen Gemeinden während des Ersten Kreuzzuges (1095/96), deren Zeitzeuge er gewesen ist. Die Beziehungen zwischen Juden und Christen in Troyes, so kann man den überlieferten Responsa des Gelehrten entnehmen, waren eher freundschaftlich. Man beschenkte sich zu den Feiertagen, pflegte regelmäßige soziale Kontakte und verfügte über eine gute Kenntnis der Gebräuche des jeweils anderen. Hin und wieder kam es zu Konversionen zum Christentum, nicht immer waren diese freiwillig. Rasch"i empfahl einen nachsichtigen Umgang mit jenen, die sich eines anderen besannen und zum Judentum zurückkehren wollten.

Rasch"i verfasste Responsa, liturgische Gedichte (*Pijjutim*), einen Kommentar zu etlichen Traktaten des Talmud sowie einen →*Siddur*. Als das bedeutendste unter den vielen wichtigen Werken Rasch"is gilt jedoch sein Kommentar zur Bibel, insbesondere zur Tora. Auslegungen zur Bibel hatte es schon vor Rasch"i gegeben. Das Werk des nordfranzösischen Gelehrten zeichnete sich jedoch durch eine neue Methode aus. Er verband nämlich die assoziativ-homiletische Auslegung des Midrasch mit der Suche nach dem »einfachen Sinn«, der wörtlichen Bedeutung der Bibel. Er stellte grammatische und lexikalische Betrachtungen an, übersetzte unbekannte Begriffe ins Altfranzösische seiner Heimat und forschte eingehend nach der tatsächlichen Beschaffenheit von Orten, Tieren und Pflanzen der Bibel. In seinen kurzen und präzisen Anmerkungen verbinden sich wörtliche Bedeutung und ethische Konsequenz des Bibeltextes zu einem relevanten Ganzen.

Rasch"is Werke

Sein Bibelkommentar fand rasch Verbreitung und Anerkennung in ganz Europa. Viele jüdische Gelehrte griffen seine Methode auf und entwickelten sie weiter. Doch Rasch"i war und blieb der Erste.

6. Neuanfänge des sefardischen Judentums (16. bis 20. Jahrhundert)

Nach dem Vertreibungsedikt der Könige Spaniens vom 30. März 1492 wählten die meisten Juden (wohl über 100.000 Menschen) den kürzesten Weg und flüchteten nach Portugal. Dies erwies sich jedoch als keine gute Entscheidung, da das portugiesische Herrscherhaus (unter spanischem Druck) schon im Dezember 1496 ebenfalls einen Ausweisungsbeschluss erließ, diesen aber aufgrund wirtschaftlicher Erwägungen in eine Kampagne umfassender Zwangstaufen umwandelte. Den getauften Juden, den *conversos*, war es darüber hinaus verboten, das Land zu verlassen, so dass die 1535 auch in Portugal eingeführte Inquisition zahlreiche Opfer forderte. Ein weiteres wichtiges Emigrationsland der Sefarden bildete Italien, das jedoch aufgrund der insgesamt instabilen politischen Verhältnisse kein dauerhaft sicherer Hafen zu sein versprach. So schien es geraten, dem christlichen Europa den Rücken zu kehren, wobei sich alsbald herausstellte, dass das aufstrebende Osmanische Reich den Sefarden freundliche Aufnahme gewährte. Hier hieß man sie willkommen, um, wie einst im Karolingerreich und in Spanien, von den zivilisatorischen Fähigkeiten der jüdischen Immigranten zu profitieren. Ihr medizinisches, technisches und kaufmännisches Wissen, ihre Sprachkenntnisse und ihre Erfahrungen im Umgang mit anderen Kulturen sollten erneut der Entwicklung des aufstrebenden Staates nützlich sein. Zentren der sefardischen Judenheit im Osmanischen Reich wurden Istanbul (einst Konstantinopel), Izmir (das antike Smyrna), Edirne (das antike Adrianopel), vor allem aber Saloniki. Daneben entwickelten sich auch in der Levante wichtige Gemeinden, von denen neben Aleppo, Damaskus, Kairo und Alexandria vor allem das galiläische Safed/Zefat als heilige Stadt der Mystik besondere Bedeutung für das jüdische Geistesleben erlangte.

Auch viele portugiesische *conversos* nutzten die Gelegenheit zur Flucht, wann immer sie sich bot. Insbesondere auf diese Zwangskonvertiten, die zum jüdischen Glauben zurückzukehren wünschten, gehen bedeutende sefardische Gemeinden im Alten Europa (wie vor allem Amsterdam, Hamburg und London) und in der Neuen Welt (New York) zurück. Die zahlenmäßig bedeutendste und historisch einflussreichste sefardische Immigrantengruppe, unter ihnen auch *conversos* aus Portugal, blieb jedoch diejenige des Osmanischen Reiches.

6.1. Zur Geschichte der Sefarden im Osmanischen Reich

Als die aus Spanien Vertriebenen, zum Teil nach einem Umweg über Italien, das Osmanische Reich erreichten, trafen sie dort auf drei höchst unterschiedliche jüdische Gemeinschaften, die zum Teil seit den Tagen des Römischen Reiches jenes Land bewohnt hatten: Auf dem Balkan und Kleinasien, damals Kerngebiet des türkischen Raumes, begegneten sie den *Romanioten*, griechischsprachigen Juden, mit denen sie, insbesondere in Istanbul, bis ins späte 16. Jahrhundert andauernde Konflikte austrugen. In Ägypten und Istanbul fanden sie karäische Gemeinschaften vor; in der Levante, den alten Kernlanden des Kalifats und in Ägypten hingegen lebten Juden arabischer Sprache. Im 15. Jahrhunderts trafen zudem Emigranten aus Aschkenas ein, die sich, wie die Sefarden, vor allem auf dem Balkan niederließen und dort ebenfalls eigene Gemeinden bildeten.

Struktur jüdischer Gemeinden

Die Gemeinde (hebr. *Kahal*; jidd. *Kehille*; span.-arab. *Aljama*) regelte, je nach Grad der kulturellen Autonomie, die der jüdischen Minderheit zugestanden wurde, die internen Angelegenheiten der am Ort ansässigen Juden. Größere Gemeinden verfügten über einen Gemeinderat (Legislative), mehrere besoldete Angestellte (Exekutive) und einen Gerichtshof *(Bet Din)* zum Zweck der Klärung zivilrechtlicher Probleme und zu Fragen der Kaschrut. An dessen Spitze stand mit dem *Av Bet Din*, dem Vorsitzenden des Gerichts, ein Kenner der Halacha. Die finanziellen Belange der Gemeinde, die an den Staat abzuführenden Sondersteuern, Gemeindeabgaben, Armenpflege, Marktaufsicht sowie der Unterhalt der Gemeindeinstitutionen wurde ehrenamtlich von angesehenen Mitgliedern des Gemeinderats *(Parnassim)* besorgt. An Synagogen und Elementar- (*Cheder* bzw. *Talmud-Tora*) und höheren Schulen (*Jeschiva*) wirkten Rabbiner, Kantoren *(Chasanim)*, Lehrer und Synagogendiener. In den seltenen Fällen, da es gelang, überregionale jüdische Strukturen auszuprägen, wurden Vertretungen gebildet, die je nach Grad der Organisation für die Gemeinden einer Provinz oder eines Staates sprechen konnten. In manchen Epochen und Regionen bestellte man stattdessen auch einzelne Männer, die ein hohes Ansehen genossen, so dass sie als Sprecher bestimmter Gemeinden akzeptiert wurden.

Blütezeit im Osmanischen Reich

Ende des 16. Jahrhunderts gelang es den Sefarden, sich gegen die *Romanioten* durchzusetzen, so dass man ab dem 17. Jahrhundert von einer weitgehend homogenen judeo-spanischen Kultur im Osmanischen Reich sprechen kann. Zu einer zentralen politischen Vertretung kam es jedoch nicht, so dass die einzelnen Gemeinden ihre Angelegenheiten weitgehend autonom regelten. Im Umgang mit der jüdischen Minderheit übernahmen die osmanischen Herrscher die Prinzipien der Dhimma, gewährten also weitgehende Religionsfreiheit und forderten im Gegenzug Sondersteuern (Kopfsteuer, Steuer auf Landbesitz) ein. Die relativ günstigen administrativen Rahmenbedingungen ermöglichten im 16. Jahrhundert eine kulturelle und ökonomische Blüte der osmanischen Judenheit, die als merkantilisches und linguistisches Bindeglied zwischen den Osmanen und Europa wirken konnte. Safed und Saloniki zogen Gelehrte aus aller Herren Länder an; in sefardischen Zentren wie Istanbul, Edirne und Saloniki entstanden große Buchdruckereien. Der bis heute bedeutendste halachische Kodex, der *Schulchan Arukh* (»der Gedeckte Tisch«) wurde, wie viele andere wichtige halachische Kompendien, in Saloniki verfasst – von Josef Karo (1488–1575), der sich im Jahre 1536 nach Safed begab, um sich der heiligen Gemeinde dort anzuschließen.

Mit dem 17. Jahrhundert begann der langsame Niedergang des Osmanischen Reiches, das durch die massive Gegenwehr der europäischen Länder Mühe hatte, seine Macht über periphere Territorien zu behaupten und im ökonomischen Wettbewerb mit den Kolonialmächten Spanien, Portugal und England zu bestehen. Willkür lokaler Machthaber oder rücksichtslose Konfiskationen und Sondersteuern zur Sanierung der maroden Staatsfinanzen zogen auch die Sefarden in den Strudel des Abstiegs. Aufstrebende europäische Nationalstaaten wie England und Frankreich organisierten ihren Handel am Mittelmeer vorbei und bevorzugten Griechen und Armenier als Mittler für ihre Geschäfte mit den Osmanen. Die ökonomische und politische Krise der sefardischen Juden wurde von einer geistigen Erschütterung begleitet, die weite Teile der Gemeinden des Mittelmeerraumes erfassen sollte: Im Gefolge eines neuen mystischen Systems, der Kabbala des Jitzchak Luria (1534–1572), entstand die einflussreichste messianische Bewegung des Judentums. Schabtai Zvi, ein Sefarde aus Izmir, rief sich im Jahre 1665 zum Messias aus und kündigte für 1666 die Erlösung Israels an. Seine Botschaft traf in der gesamten jüdischen Gemeinschaft auf begeisterte Zustimmung. Viele Menschen veräußerten in Erwartung der Endzeit ihr Hab und Gut und bereiteten sich auf die Rückkehr ins Gelobte Land vor. Der Sultan des Osmanischen Reiches, vom allgemeinen Aufruhr erzürnt, ließ Schabtai 1666 gefangen setzen und stellte ihn vor die Alternative zu sterben oder

Niedergang des Osmanischen Reiches

zum Islam zu konvertieren. Schabtai wählte den Islam. Doch nicht einmal dies hielt einen Teil seiner Anhänger davon ab, ihrem Messias die Treue zu halten. Etliche bekehrten sich gleichfalls zum Islam (die *Dönme*, von denen einige bis auf den heutigen Tag in der Türkei existieren); manche konvertierten nicht, entwickelten aber eine ausgefeilte kabbalistische Theorie darüber, warum Schabtai konvertieren *musste* (so sein bedeutendster Anhänger Nathan von Gaza). Wieder andere bewahrten sabbatianische Überzeugungen im Geheimen und sorgten indirekt dafür, dass es in der Folgezeit zu ähnlichen Bewegungen kam, wie zum Beispiel der des Jakob Frank (1726–1791).

Einfluss Westeuropas auf die Sefarden

Im Laufe des 19. Jahrhunderts griffen die Ideale des modernen Westeuropa, geschult am Denken der Aufklärung, auch auf das Osmanische Reich über. Emanzipation, Bürger und Nation waren einige der Zauberworte, die dem Osmanischen Reich den Weg in die Zukunft öffnen sollten. Im Jahre 1856 wurde den nichtmuslimischen Bewohnern die Emanzipation gewährt, ein einheitliches osmanisches Staatsbürgerrecht geschaffen und die Religionszugehörigkeit zur privaten Angelegenheit erklärt. Diese Reformen wurden jedoch von der Mehrheit muslimischer Traditionalisten nicht akzeptiert und führten letztlich zu einem Anwachsen nationalistischer Bewegungen und einer Stärkung der zentrifugalen Kräfte. Der Einfluss Westeuropas machte sich auch auf dem Feld von Bildung und Kultur geltend. Für die jüdischen Gemeinden des Osmanischen Reiches entwickelte sich die Arbeit der 1860 gegründeten *Alliance Israélite Universelle* zu einer prägenden Größe. Sie organisierte Schulen nach westeuropäischem Modell und verbreitete die französische Sprache, die Ausdruck und Träger neuer sozialer und kultureller Ideale wurde. Mit der wachsenden Westorientierung ging zwar oft ein sozialer Aufstieg, andererseits jedoch eine Entfremdung der jüdischen

Gemeinden von der türkisch-osmanischen Mehrheitsgesellschaft einher. Kern und Drehscheibe der neuen westlich orientierten sefardischen Kultur wurde Saloniki. In dieser Stadt stieg der Anteil der jüdischen Bevölkerung auf etwa 40 bis 50 Prozent (1870); hier betrieb die *Alliance* ihre bedeutendsten Bildungseinrichtungen; expandierte eine jüdisch dominierte Industrie; entwickelte sich eine säkulare sefardische Kunst. Während man sich in den jüdischen Gemeinden andernorts eher aus der Politik heraushielt, entstanden unter der Sefarden Salonikis zionistische und sozialistische Gruppen.

Nachdem das Osmanische Reich seinen Krieg gegen Russland (1877–78) verloren hatte, wurden viele Völker des Balkans unabhängig. 1881/82 gingen Tunesien an Frankreich und Ägypten an England verloren, 1912 löste sich Albanien aus dem Vielvölkerstaat. Mit dem verlorenen Ersten Weltkrieg 1918 wurde das Ende des Osmanischen Reiches besiegelt. Die sefardischen und orientalischen Juden bekamen es nun mit jungen Nationalstaaten (wie Bulgarien, Serbien, Griechenland) einerseits sowie andererseits mit einer sich neu formierenden türkischen Republik zu tun. Diese Umbrüche gestalteten sich für die jüdischen Gemeinden überwiegend schwierig. Die nationale Selbstfindung der Balkanstaaten führte nicht selten zu antisemitischen Übergriffen und Gesetzen, wie 1846 und 1861 ein Ansiedlungsverbot in ländlichen Räumen Bulgariens. In den griechisch-türkischen Auseinandersetzungen Anfang des 20. Jahrhunderts (1917; 1920–22) gerieten die Sefarden mehr als einmal zwischen die Fronten, so dass sich viele von ihnen zur Auswanderung entschlossen. Der Nationalismus der neu entstandenen Staaten ließ weder die kulturelle Autonomie der jüdischen Gemeinden noch eine wirkliche Integration ihrer Mitglieder zu. Noch bevor die deutsche Vernichtungsmaschinerie den Süden Europas erreichte, sahen sich die Juden des ehemaligen Osmanischen Reiches zunehmend

Das Ende des Osmanischen Reiches

aus der Gesellschaft verdrängt und einer antisemitischen Grundstimmung ausgesetzt.

6.2. Profile des sefardischen Judentums in der frühen Neuzeit: Lurianische Kabbala

Als die Juden von der Iberischen Halbinsel vertrieben worden waren, hatten sie ihre Häuser, ihre Äcker und Gärten, einen Großteil ihres Besitzes zurücklassen müssen. Was sie aber in die neuen Heimatländer mitbrachten, war das reiche geistige Erbe der sefardischen Kultur, ihre Gelehrsamkeit, ihre Wissenschaft. Unter diesen Schätzen sollten sich die kabbalistischen Traditionen als besonders einflussreich erweisen. Bis ins 16. Jahrhundert hinein galt die Beschäftigung mit mystischen Schriften und Systemen als eine esoterische Disziplin. Man betrieb sie in kleinen Kreisen von Gelehrten, deren Überzeugungen, auch wenn sie handschriftlich niedergelegt wurden, kaum Verbreitung fanden. Im Gefolge der Vertreibung aus Spanien und Portugal veränderte sich der Umgang mit der Kabbala radikal. Dies hatte einen tief greifenden Wandel der jüdischen Kultur zur Folge, die auf einer Durchdringung der gesamten Tradition mit kabbalistischen Konzepten fußt.

Lurianische Kabbala

Zum wichtigsten Wegbereiter dieses kulturellen Umbruchs entwickelte sich das Städtchen Safed in Obergaliläa. Dort hatte sich bereits im 13. Jahrhundert eine kleine jüdische Gemeinde gebildet, die sich nach der Ankunft sefardischer Flüchtlinge Ende des 15. Jahrhunderts zu einer bedeutenden Ansiedlung entwickelte. Als Jitzchak Luria (1534–1572), der sagenhafte Schöpfer des nach ihm benannten mystischen Systems, 1569/70 in

Safed eintraf, hatte die Elite der jüdischen Gelehrten jener Zeit wie Josef Caro (1488–1575), Salomo Alkabez (1505–1584) und Mose Cordovero (1522–1570) der Stadt bereits ihren Stempel aufgeprägt. Nach dem Tode Cordoveros gelang es Luria, Führungsfigur eines erwählten Kreises von Mystikern zu werden, denen er seine Lehre und Lebensweise vermittelte. Sein kabbalistisches System hat Jitzchak Luria, auch bekannt unter dem Akronym *ha-Ar"i* (hebr. *Löwe*), vielleicht bedingt durch seinen frühen Tod, nicht schriftlich niedergelegt. Möglich ist aber auch, dass er seine Lehre nicht verbreitet wissen wollte. So behauptete es zumindest sein wichtigster Schüler, Chajim Vital (1542–1620), dessen Schriften die bedeutendste Quelle für die lurianische Kabbala darstellen.

Lurianische Kosmogonie

Im Unterschied zu anderen kabbalistischen Systemen schuf Luria einen umfassenden kosmogonischen Mythos, der die katastrophalen Ereignisse der Geschichte Israels und der Welt auf eine Art urzeitlichen »Betriebsunfall« zurückführt, bei dem das Böse Einfluss auf die Schöpfung gewann. Die theologisch-philosophische Crux der Kosmologie, wie aus dem unendlich Einen das vergängliche Viele geworden sein kann, löste der Ar"i mit einem völlig neuen Denkmodell: Seiner Ansicht stand am Anfang der Schöpfung ein Rückzug Gottes in sich selbst *(Zimzum)*, um dadurch gewissermaßen Raum für die Welt zu schaffen. In diesen Gottleeren Raum ließ der Ewige dann Sein Licht einströmen, dessen Gefäße (Kanäle) jedoch dem göttlichen Influx nicht standhielten (oder standhalten wollten) und zerbrachen. Das »Zerbrechen der Gefäße« *(Schvirat Kelim)* ließ Bruchstücke (Schalen oder *Kelippot* genannt) entstehen, denen Funken des göttlichen Lichts anhafteten. Erst in einem »zweiten Anlauf« gelang das Einströmen des Lichts und die Schöpfung wurde geformt. Die Folgen des ersten Versuchs, des kosmischen »Betriebsunfalls«, waren jedoch irreversibel. Es trat ein Verlust göttlicher Lichtsubstanz an die finstern Kelippot ein, der im Verlauf der nun einsetzenden Geschichte zu beheben ist. Die Menschen, insbesondere Israel, sind dabei vor die ungeheure Aufgabe gestellt, die Lichtfunken zu Gott zurückzuführen. Dieser Vorgang wird als *Tikkun* (Reparatur) bezeichnet und beinhaltet vor allem die Befolgung der Tora. Das lurianische System würdigt den einzelnen Juden einer universalen Mission und bürdet ihm eine große Verantwortung auf. Ebenso, wie durch das »Heben der Funken« der Tikkun und somit die Erlösung vorangetrieben werden kann, verursacht die Vernachlässigung der Gebote das Gegenteil: weitere Lichtfunken sinken in die Tiefen der Kelippot hinab und verzögern die endzeitliche Vollendung. Luria schuf ein System, welches buchstäblich Alles deutet und umfasst – von der Kosmologie bis zum Alltagsleben des einzelnen Juden an einem beliebigen Ort der Welt.

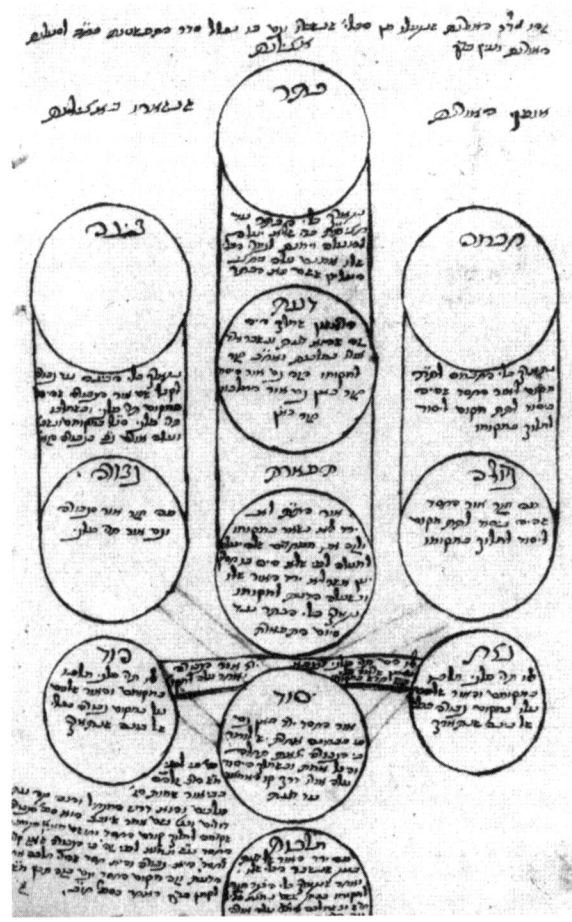

Schematische Darstellung des Lurianischen Systems

Trotz anfänglicher Zurückhaltung verbreitete sich die Konzeption Lurias in den unterschiedlichen Lesarten seiner Schüler ab Mitte des 17. Jahrhunderts wie ein Lauffeuer in der gesamten jüdischen Welt. Sie löste jene spirituelle Revolution aus, die neben einer kabbalistischen Neubewertung der jüdischen Tradition die großen messianischen Bewegungen des 17. und 18. Jahrhunderts nach sich zog.

Der Schulchan Arukh

Bis auf den heutigen Tag gilt der Schulchan Arukh (der »Bereitete Tisch«, Erstdruck 1565) des Josef ben Efraim Caro als das wichtigste Kompendium der Halacha. Caro verfasste dieses sein bekanntestes Buch als eine Art »Reader's Digest« seines Hauptwerks *Bet Josef*. Dieses wiederum fußt auf einem halachischen Kodex aus Aschkenas, den *Arba'a Turim* (Vier Reihen) des Jakob ben Ascher (1270–1340). Jakob ben Ascher hatte seinen Lesern alle für die Praxis relevanten aschkenasischen Halachot und Bräuche in gegliederter Form dargeboten. Er bezog sich bei seinem Werk vor allem auf den großen halachischen Kodex des Maimonides, *Mischné Tora*, deren sefardische Basis er an die in Aschkenas üblichen Gepflogenheiten adaptierte. Caro griff die Anordnung der Arba'a Turim auf, kommentierte und ergänzte sie wiederum um die entsprechenden sefardischen Ansichten und Bräuche. Wie seine Vorläufer, so gliedert sich auch der Schulchan Arukh in vier Teile (I. Alltag, Schabbat und Feste; II. Reinheitsgebote; III. Familienrecht; IV. Zivil- und Strafrecht).

Das von Caro gewählte Verfahren, die eigenen Positionen als Kommentar zu früheren Werken zu entwickeln, ist für die jüdische Tradition insgesamt typisch. Der Respekt vor der Arbeit älterer Meister gebietet es, in ihren Spuren zu wandeln und deren Autorität dadurch zu würdigen, dass man sich erklärend auf sie bezieht. Nachdem der Schulchan seinerseits zum Gegenstand von Kommentaren geworden war, setzte er sich in der jüdischen Welt als halachisches Standardwerk durch. Einer der bekanntesten unter diesen Kommentaren, feinsinnig als *Mappa*, »Tischtuch«, tituliert, stammt vom Krakauer Gelehrten Mose Isserles (1525/30–1572). Isserles ergänzt in seinem Werk den als zu sefardisch empfundenen Schulchan erneut durch aschkenasische Traditionen, wodurch der kulturelle Austausch zwischen judeo-spanischer und zentraleuropäisch-jüdischer Halacha auf einer höheren Stufe zur Vollendung gekommen war.

Der Dissident und der Halachist:
Salomo Molcho und Josef Caro

Es gilt, die Geschichte zweier Flüchtlinge zu erzählen, die aufgrund der Reconquista die Iberische Halbinsel verlassen mussten und eine höchst unterschiedliche Entwicklung nahmen. Salomo Molcho (ca. 1500–1532), wurde unter dem Namen Diego Pires und als Sohn von *conversos* in Lissabon geboren. Er erhielt eine sorgfältige Ausbildung und wirkte als Sekretär am portugiesischen Königshof, bis er einem gewissen David Re'ubeni begegnete. Re'ubeni (starb ca. 1538), der sich als königlicher Gesandter der nach dem Untergang des Nordreiches 722 v.d.z. verlorenen Stämme Ruben, Gad und Manasse ausgab, erregte in Europa großes Aufsehen, als er Papst Clemens VII. (1523–1534) und mehreren europäischen Herrschern eine militärische Allianz vorschlug, um die Türken aus dem Heiligen Land zu vertreiben. Re'ubeni weilte von 1525 bis 1527 in Portugal, wo er insbesondere unter den *conversos* glühende Anhänger fand, die in ihm den Messias sahen. So erging es auch Pires/ Molcho, der sich unter dem Eindruck der Persönlichkeit Re'ubenis selbst beschnitt und den Namen Salomo Molcho annahm. Nach seiner Konversion floh er ins Osmanische Reich. In

Saloniki begann er sein jüdisches Leben mit dem Studium kabbalistischer Schriften. In jener Stadt war es auch, dass ihm Josef Caro, damals schon anerkannter Gelehrter, begegnete.

Auch Josef Caro stammte von der Iberischen Halbinsel. Er wurde 1488, möglicherweise in Toledo, geboren. Seine Familie flüchtete nach Portugal, von dort in das Osmanische Reich, wo Caro vierzig Jahre lang in verschiedenen Zentren jüdischen Lebens wirkte. Wie sein Vater Efraim war Josef ein bedeutender Kenner der Halacha. Mit 34 Jahren (1522) begann er den Bet Josef, sein Hauptwerk, zu erarbeiten. Erst zwanzig Jahre später konnte er es vollenden. Im Jahre 1536 begab er sich nach Safed, wo er bald zum führenden Kopf der dort versammelten Gelehrten aufstieg. Er starb 1575 dortselbst.

Autograph von Salomo Molcho

Auf den ersten Blick erscheint das Leben des Josef Caro als das eines zwar außerordentlich begnadeten, jedoch durchaus typischen jüdischen Gelehrten. Umso erstaunlicher, dass dieser herausragende Gesetzeskenner von einem Abenteurer wie Salomo Molcho zutiefst beeindruckt war. Molcho gelang es, in Saloniki einen Kreis von Schülern und Anhängern um sich zu scharen. Zu den vielen Rätseln seiner Biographie gehört die Frage, wie er sich in der kurzen Zeit zwischen seiner Konversion (nach 1525) und seinem öffentlichen Auftreten in Saloniki (vor 1529) relativ profunde Kenntnisse der Kabbala aneignen konnte. Die Plünderung Roms durch Söldner Karls V., Kaiser des Heiligen Römischen Reiches deutscher Nation, im Jahre 1527 (*Sacco di Roma*) deutete Molcho als Indiz für den Beginn der Erlösung. Er begab sich nach Italien (1529), wo er alsbald zahlreiche Anhänger unter Juden und Christen gewann. In ihm reifte die Überzeugung, der Messias zu sein. Wie seinem großen Idol Re'ubeni gelang es ihm, Papst Clemens VII. als Fürsprecher zu gewinnen. Nachdem Molcho eine Flutkatastrophe in Rom (1530) und ein Erdbeben in Portugal

(1531) zutreffend vorhergesagt hatte, wuchs sein Ansehen weiter. Im Jahre 1532 begab er sich nach Norditalien, wo er David Re'ubeni traf. Beide beschlossen, Kaiser Karl in Regensburg aufzusuchen; möglicher Weise, um ihn als Bundesgenossen für den Kampf gegen die Türken zu gewinnen. Diese Mission erwies sich jedoch als tragischer Fehlschlag. Karl V. nämlich ließ Salomo Molcho nach Mantua verbringen, wo er aufgrund seiner Weigerung, sich zum Christentum zu bekehren, auf dem Scheiterhaufen starb. Ausläufer der durch ihn ausgelösten messianischen Bewegung erreichten die Juden Polens und Böhmens. Viele konnten nicht glauben, dass ihr Hoffnungsträger ein solches Ende genommen hatte.

Auch für Josef Caro war der tragische Tod Molchos ein Schock. In ihm entstand eine tiefe Sehnsucht danach, gleichfalls als Märtyrer zu sterben. In seinem mystischen Tagebuch, dem *Maggid Mescharim,* lässt er den göttlichen Boten, seinen Mentor-Engel sagen:

»*Siehe, ich habe dich zu einem Brandopfer ausersehen, für die Heiligung des Namens [Gottes] vom Feuer verzehrt zu werden. Du weißt, dass an einem Brandopfer kein Makel gefunden werden darf, nicht einmal im Gedanken. Daher achte darauf, dass all deine Gedanken von der Tora erfüllt sind.*«

Caros Sehnsucht erfüllte sich nicht.

7. Neuansätze im aschkenasischen Judentum (17. /18. Jahrhundert)

Die Vertreibung der Juden Westeuropas aus ihren angestammten Wohngebieten seit dem 13. Jahrhundert verschob das Zentrum jüdischen Lebens weit nach Osten. Ein Großteil der Aschkenasim fand in Polen und Litauen gastfreundliche Aufnahme. Wieder wurde den Flüchtlingen die Aufgabe zuteil, dünn besiedelte Landstriche zu bevölkern sowie Handel, Gewerbe und Kultur zu entwickeln. Das Judentum Osteuropas setzte in vielerlei Hinsicht die Traditionen der aschkenasischen Gemeinden fort: Sie nahmen ihre jiddische Sprache mit, pflegten die spezifische Kultur des Gottesdienstes und der Lehre weiter und hielten an den Organisationsformen der Juden Mitteleuropas fest. Die Könige Polens, beginnend mit Boleslaw V. (1228–1279), förderten die Einwanderung von Juden in die Städte ihres Reiches mit umfassenden Privilegien.

7.1. Zur Geschichte der Juden Ost- und Zentraleuropas

Auf der Grundlage von Dekreten der Könige Boleslaw V. und Kasimirs des Großen (1333–1370) konnten sich die jüdischen Gemeinden schnell entfalten. In allen größeren Städten, so in Krakow, Sandomierz, Kalisz und Lvov, entstanden große Gemeinden, denen eine weitgehende kommunale Selbstverwaltung zugestanden wurde. Noch günstiger gestalteten sich die Bedingungen für die Ansiedlung der Juden im Großfürstentum Litauen, das ab dem

15. Jahrhundert zum Ziel eines großen Einwanderungsstroms wurde. Die umfangreichen Privilegien für die jüdischen Gemeinden riefen alsbald den Widerstand der Kirchen, aber auch des städtischen Bürgertums auf den Plan, so dass es ab dem 15. Jahrhundert zu einer spürbaren Verschlechterung der Lebensbedingungen für die jüdischen Bewohner Polens und Litauens kam. Ritualmordbeschuldigungen (wie 1453 in Breslau), Pogrome (wie 1463 in Krakow) und Vertreibungen (wie 1483 aus Warschau oder 1495–1503 aus Litauen) erzeugten mindestens vorübergehend ein Klima von Angst und Unsicherheit.

Jüdisches Leben in der heutigen Ukraine

Anders als in Westeuropa waren diese Verfolgungen jedoch nicht von langer Dauer. Bereits im 16. Jahrhundert knüpften die polnischen Könige Sigmund I. (1506–1548) und vor allem Sigmund II. August (1548–1572) wieder an die Politik Kasimirs an, bemühten sich aber um eine Entflechtung christlicher und jüdischer Wohngebiete. Die Lubliner Union von 1569, die eine Eingliederung der litauischen Wojewodschaften Podolien, Wolhynien und Kiew unter die polnische Krone beinhaltete, stärkte die Macht des Königs und hatte ein Ausgreifen jüdischer Besiedlung auch in die ländlichen Gebiete der heutigen Ukraine zur Folge. Der polnische Adel bediente sich ihrer, um das Land zu erschließen. Viele der neuen Grundeigner waren nicht geneigt, sich der Verwaltung ihrer Besitztümer in den fernen Provinzen persönlich anzunehmen. Sie verpachteten ihre Nutzungsrechte an Mühlen, Gasthäusern oder Verbrauchssteuern, manchmal sogar ganze Landgüter an jüdische Vertrauensleute. So entstand das besondere Wirtschaftsgefüge der *Arrenda*, welches einerseits neue Erwerbschancen bot, andererseits die jüdischen Pächter und ihre Angestellten zur Zielscheibe des Zorns der einheimischen Bevölkerung werden ließ.

Mit dem Tod des Königs Sigmund II. August im Jahre 1572 begann wiederum eine Epoche der Verunsicherung jüdischer Existenz in Polen und Litauen. Unter Sigmund III. Wasa (1587–1632) kam die Gegenreformation zum Durchbruch. Eine ihrer Begleiterscheinungen war die massive Zunahme von Ritualmord- und Hostienschändungsprozessen. Bis Mitte des 17. Jahrhunderts gelang es der polnisch-litauischen Judenheit jedoch, ihre gemeindliche und territoriale Selbstverwaltung aufrechtzuerhalten. Die demographische Entwicklung verlief trotz wachsender Repression positiv. Während Anfang des 17. Jahrhunderts auf dem gesamten Territorium des Heiligen Römischen Reiches deutscher Nation kaum 10.000 Juden (etwa 1 Promille der Bevölkerung) gelebt haben dürften, betrug der Anteil der Juden an der Gesamtbevölkerung Polens und Litauens Mitte des 17. Jahrhunderts etwa 5 Prozent (ca. 500.000 Menschen; Battenberg 1990: 235 f.). Die zahlenmäßige Größe vieler Gemeinden Osteuropas, ihre weitgehende Autonomie und die Entflechtung der Wohngebiete trugen jedoch auch zur Entwicklung von Parallelgesellschaften bei, was letztlich die Entfremdung zwischen der christlichen und der jüdischen Bevölkerung Polens und Litauens förderte.

Einen überaus gewaltsamen Ausbruch zeitigte jene Entfremdung in den Jahren 1648–1657. Die Kosakenaufstände unter Bogdan Chmielnicki, ursprünglich eine Erhebung ukrainischer Bauern gegen den polnischen Adel, richteten sich plötzlich gegen die Juden. Nach verlustreichen Rückzügen des polnischen Militärs blieben die jüdischen Pächter als einzig sichtbare Vertretung ihrer adligen Herren zurück und fielen der Wut der ukrainischen Aufständischen zu Zehntausenden zum Opfer. Hunderte Gemeinden wurden vernichtet, Tausende Menschen in die Sklaverei verkauft. Die Massaker hatten eine Rückwanderung von Juden nach Mitteleuropa zur Folge, welche die Gemeinden dort tief greifend veränderte. Die Überlebenden in Polen und Litauen standen unter Schock; viele Juden deuteten die Ereignisse als Vorboten der Endzeit und schlossen sich messianischen Bewegungen wie der Schabtai Zwis an.

Chmielnicki-Massaker

Auseinandersetzung um Kabbala und Messianismus

Die Konversion Schabtais zum Islam im Jahre 1666 und das daraus resultierende Scheitern dieser messianischen Strömung hinterließen bei den aschkenasischen Juden in Ost- wie in Mitteleuropa ein Gefühl von Desorientierung und innerer Leere. Manch Anhänger Schabtais lebte im Geheimen seinen Hoffnungen weiter oder sublimierte die sabbatianische Theologie zu einer messianisch ausgerichteten Kabbala, die sich an unterschiedliche Führungsgestalten heften konnte. So ging trotz des Untergangs der sabbatianischen Bewegung der Streit um deren Inhalte weiter und stellte das aschkenasische Judentum vor eine ernste Zerreißprobe.

Seinen exemplarischen Ausdruck fand jenes Zerwürfnis im Konflikt zwischen Jakob Emden (1697–1776), der sich zum Anwalt des orthodoxen Judentums aufwarf, und dem Hamburger Rabbiner Jonathan Eybeschütz (ca. 1690–1764), der im Verdacht stand, Anhänger und Reinkarnation Schabtais zu sein. Emden beschuldigte Eybeschütz, in Hamburg, Altona und Wandsbek Amulette mit Schabtais Namen verteilt zu haben, und belegte ihn 1751 (übrigens ohne Autorisierung durch ein Rabbineramt) mit dem Bann. Eybeschütz, zeitweise aus seinem Amt in Hamburg vertrieben, konterte ebenfalls mit einem Bann. Flugschriften und Bücher der Kontrahenten überschwemmten die Gemeinden. Schließlich war nahezu das gesamte jüdische Europa an der Kontroverse beteiligt. Polen, Litauen, Ungarn und Böhmen ergriffen mehrheitlich Partei für Eybeschütz, Deutschland für Emden. Was als persönlicher Streit zweier Rabbiner (auch um das Rabbineramt in Altona) begonnen hatte, weitete sich zu einer Kontroverse um das Antlitz des aschkenasischen Judentums aus. Dabei ging es letztlich um die Frage, welche Rolle man der Kabbala im Gefüge jüdischen Lebens zuweisen sollte: Handelte es sich um gefährliches Wissen, das wenige auserwählte Gelehrte überliefern und von den Massen fernhalten sollten? Oder musste man nicht vielmehr zulassen, dass kabbalistische Systeme und die mit ihnen verbundenen messianischen Hoffnungen die verzweifelten Gemeinden am Leben erhielten?

Dies ist der Hintergrund, vor dem das aschkenasische Judentum zwei große und antagonistische Reformbewegungen hervorbrachte, die dessen Einheit endgültig in Frage stellten: den osteuropäischen Chassidismus und die von Berlin ausgehende jüdische Aufklärung, die *Haskala* (von hebr. Bildung).

Unter den Wissenschaftlern herrscht bemerkenswerte Uneinigkeit darüber, wie die chassidische Reformbewegung, deren Wesen und vor allem ihr rasantes Anwachsen in der ersten Hälfte des 18. Jahrhunderts zu erklären seien. Manche sehen in den Chmielnicki-Massakern und der ihnen folgenden spirituellen Krise des polnischen und ukrainischen Judentums ihren wichtigsten Katalysator; andere halten den Chassidismus für eine krypto-sabbatianische Strömung, wieder andere sehen soziale Elemente, die Einbeziehung ungelehrter Menschen in das geistige Leben des Judentums als Ursache für Entstehung und Erfolg dieser Bewegung. Der Mann, den der Chassidismus selbst als seinen Begründer betrachtet, Israel ben Elie'ser →*Ba'al Schem Tov* (1699–1760), war in der Tat kein klassischer Gelehrter. Nach langem Ringen um Anerkennung glückte es ihm, einen Kreis von Anhängern um sich zu scharen, unter denen sich traditionell an Talmud und Kabbala geschulte Geister befanden. Diese waren es auch, die den Ideen des Ba'al Schem Tov zum Durchbruch verhalfen und die chassidische Bewegung theologisch und organisatorisch begründeten und verbreiteten. Im Kern ging es darum, dem Judentum durch Rückgewinnung der vielen Tausend ungebildeten Juden, denen keine Zeit zu ausufernden Studien blieb, neues Leben einzuhauchen. Anstatt sich lokal um Synagoge und Lehrhaus zu organisieren, schufen die spirituellen Köpfe des Chassidismus, die *Zaddikim*, ein personales Bezugs-

Chassidismus

system: Ein Charismatiker, eben der Zaddik, versammelte seine Anhänger, die Chassidim, um sich und vermittelte ihnen durch persönliche Zuwendung und »stellvertretenden« Kontakt zu Gott jene spirituellen Gaben und Einsichten, von denen die einfachen Juden zuvor abgeschnitten waren. Im Gegenzug sorgten die Chassidim für die materiellen Belange ihres Zaddik. Diese neue Struktur jüdischen Lebens erwies sich als derart erfolgreich, dass bereits Anfang des 19. Jahrhunderts weite Teile Osteuropas (mit Ausnahme Litauens) chassidisch geprägt waren.

Europäische Aufklärung und die Juden

Die jüdischen Gemeinden in den deutschen Ländern (und Westeuropa) konnten sich im Verlauf des 17. Jahrhunderts langsam von den Folgen der großflächigen Vertreibung, der Marginalisierung und Vereinzelung erholen. Durch den Zuzug sefardischer, aber auch osteuropäischer Juden wuchsen vor allem Gemeinden in den Niederlanden (Amsterdam, Antwerpen) und Norddeutschland (Hamburg). Andere deutsche Territorien folgten und gestatteten die Ansiedlung jüdischer Familien, meist in kleineren (Vor-)Städten oder Neusiedlungen (Hanau, Fürth, Halberstadt, Glückstadt). Diese Entwicklung vollzog sich unter den politischen und ökonomischen Erfordernissen des Absolutismus. Kaiserliche Privilegien wurden durch landesherrliche abgelöst; viele Fürsten nutzten »Hofjuden«, um mittels ihrer transnationalen Beziehungen und der finanztechnischen Kompetenz den extremen Luxus absolutistischer Hofhaltung zu gewährleisten. Die übergroße Mehrheit der Juden in den deutschen Ländern hatte jedoch am sozialen Aufstieg der »Hofjuden« keinen Anteil. Sie lebten nach wie vor in kleinen Gruppen auf dem Lande und in den Vorstädten und hielten sich mit ambulantem Handel (Hausierer, Vermarktung von Agrarprodukten) so eben am Leben. Ihr Aufenthaltsrecht war ständig bedroht. Konnten sie das Schutzgeld nicht aufbringen, waren sie zu einem unsteten Wanderleben als »Betteljuden« gezwungen.

Andererseits begann jedoch aufgeklärtes Denken erste Wirkungen zu entfalten. Mit dem Statut für die Juden der Niederlande (1615) des Juristen Hugo de Groot (Grotius, 1583–1645) wurde erstmals das Recht freier Religionsausübung auch für Juden gefordert. Demütigende Beschränkungen sollten der Vergangenheit angehören. So erstaunt es nicht, dass gerade in den Niederlanden jüdische Gelehrte, die Religionsphilosophen Uriel da Costa (1585–1640) und Barukh Spinoza (1632–1677), erste, noch scheiternde Versuche unternahmen, das Judentum dem Denken ihrer Zeit zu öffnen.

Die Forderung der europäischen Aufklärung, den Juden Europas bürgerliche Emanzipation zu gewähren, gründete zum einen in der abschätzigen Sicht der christlichen Mehrheitsgesellschaft auf die »typisch jüdischen« Erwerbszweige: den ambulanten Handel und die Geldwirtschaft. Man unterstellte unproduktive Scheu vor »nützlicher« (körperlicher) Arbeit und mutmaßte »Besserung«, würde man den Juden landwirtschaftliche und handwerkliche Betätigung ermöglichen. Das zweite Feld aufklärerischen Engagements bezog sich auf die Rechtsposition der Juden innerhalb der europäischen Gesellschaften. Der Weg von abgestufter Privilegierung wie im »Generalreglement« Friedrichs II. von Preußen von 1750, das je nach ökonomischer Potenz der Betroffenen unterschiedliche Schutzrechte vorsah, bis zu einer tatsächlichen bürgerlichen Gleichberechtigung war jedoch noch lang. Ein drittes Anliegen der Aufklärer war die »Besserung« jüdischer Kultur. Mit Verachtung betrachtete man die jiddische Umgangssprache (»Judenmauschel«). Die Beschäftigung mit dem Talmud galt als Wurzel jüdischer Weltfremdheit und Obskurantismus. Hochdeutsch und moderne säkulare Bildung sollten eine Angleichung der Juden an die christliche Mehrheitskultur befördern.

Die jüdische Seite, in Person des »Vaters der jüdischen Aufklärung« Moses Mendelssohn (1729–1786), griff vor

Moses Mendelssohn und die jüdische Aufklärung

Moses Mendelssohn, nach 1770

allem den Ruf nach einer Reform der jüdischen Bildung auf, dasjenige Feld, worauf er unmittelbar Einfluss nehmen konnte. Mendelssohn strebte danach, seinen jüdischen Zeitgenossen, anknüpfend an die eigene Kultur, den Anschluss an moderne europäische Bildung zu ermöglichen. Er schuf eine sprachlich schöne deutsche Übersetzung der Bibel, die er in hebräischen Buchstaben drucken ließ. Diese fand als Lehrbuch der jüdischen Aufklärung Anerkennung und Verbreitung. Andererseits hielt Mendelssohn, anders als manche seiner Nachfolger, am jüdischen Lebensweg unbeirrt fest. Das Judentum stellte sich ihm, ganz im Sinne der europäischen Aufklärung, als eine Vernunftreligion dar, zu deren Infragestellung er keinen Anlass sah. Mendelssohns Freund und Mitarbeiter Naftali Herz Wessely (1725–1805) skizzierte in seiner Schrift *Divré Schalom we-Emet* (hebr. »Worte des Friedens und der Wahrheit«, 1782) ein erstes Programm zur Reform des jüdischen Bildungswesens. Kern seines Ansatzes war es, den Anteil der säkularen Bildung auf Kosten des Talmudstudiums zu stärken und handwerkliche Berufe in den schulischen Kanon einzubeziehen. Wesselys Schrift löste eine heftige Kontroverse aus. Sie zeigt gleichermaßen den Mut wie die Tragik jüdischer Aufklärer: Mut, da sie die Öffnung der jüdischen Kultur für ihre Umwelt beförderten; Tragik, da sie negative Urteile ebendieser Umwelt über die jüdische Kultur als eigene übernahmen.

Verlauf der Emanzipation in den Ländern Europas

Land	Jahr	Maßnahme	Bedeutung
Niederlande	1615	Statut für die Juden der Niederlande	Freiheit der Religionsausübung
England	1753	*Naturalization Bill* (Einbürgerung der Juden nach 3 Jahren)	Versuch voller Gleichberechtigung; scheitert. Wird nach sechs Monaten zurückgezogen
Preußen	1750	Generalprivileg Friedrichs II., abgestufte Schutzprivilegien	Schutz je nach ökonomischem Nutzen für das Land. Zuzugsbegrenzung, galt bis 1812

Neuansätze im aschkenasischen Judentum **137**

Öster-reich-Ungarn	1781–1789	Toleranzpatente Josephs II.	Bürgerliche Gleichberechtigung mit Einschränkungen und Assimilationsdruck
Frank-reich	1791	Gesetz; proklamiert Emanzipation, garantiert sofortige, umfassende Bürgerrechte	Beseitigung von Ungleichheit. In besetzte Länder exportiert, 1808 eingeschränkt von Napoleon (Décret infâme)
Preußen	1812	Emanzipationsgesetz	Eingeschränkte Emanzipation wegen Ausschluss aus dem Staatsdienst

Einschränkung/Aufhebung vieler Emanzipationsgesetze in der Restaurationszeit ab 1815

Frank-reich	1830	Gesetz, Gleichstellung der jüdischen Religion mit den christlichen Konfessionen	Staatliche Besoldung der Rabbiner
Frank-reich	1846	Abschaffung diskriminierender Eide für Juden	Vollständige rechtliche Gleichstellung
Preußen	1847	Gesetz über die Rechtsverhältnisse der Juden. Provinz Posen wird ausgenommen	Rechtliche Gleichstellung mit Ausnahme richterlicher, polizeilicher und exekutiver Ämter
Deutsche Länder	1848	Frankfurter Paulskirchenversammlung, Grundrechte des deutschen Volkes § 16	Gleichberechtigung aller religiösen Bekenntnisse

Rücknahme der Emanzipation in vielen deutschen Ländern in der Restaurationszeit nach 1848

England	1858	Liberalisierung der Eidesformel für Abgeordnete	Vollständige rechtliche Gleichstellung der Juden
Hamburg Frankfurt	1859	Gesetz der Freien Städte Hamburg, Frankfurt/M.	Vollständige rechtliche Gleichstellung
Öster.-Ungarn	1867	Verfassung	Vollständige rechtliche Gleichstellung
Norddeutscher Bund	1869	Gesetz betr. die Gleichberechtigung der Konfessionen in bürgerlicher und staatsbürgerlicher Beziehung	Vollständige rechtliche Gleichstellung; wurde 1871 als Reichsgesetz für das Deutsche Reich übernommen
Schweiz	1874	Bundesverfassung	Vollständige rechtliche Gleichstellung
Europ. Großmächte	1878	Berliner Kongress, Berliner Vertrag, Artikel 44 (außer Russland)	Rechtliche Gleichstellung aller Religionen

An der Schwelle der Neuzeit, im Übergang von ökonomisch motivierter Duldung zu bürgerlicher Emanzipation, war das aschkenasische Judentum also zum ersten Mal in seiner Geschichte zutiefst mit sich selbst uneins: sozial differenziert in Hof-, geduldete und Betteljuden; geistig zerrissen zwischen aufklärerischen Gedanken und deren Zurückweisung; unsicher gegenüber der eigenen Tradition: Durfte man der Kabbala Gelegenheit geben, unter den einfachen Menschen Hoffnung auf Veränderung zu wecken oder sollten die traditionell Gelehrten diese Kräfte kanalisieren?

7.2. Profile des osteuropäischen Judentums

Der osteuropäische Chassidismus

Seit der Spätantike, als es den Rabbinen gelungen war, das Studium des Talmud als Krone der menschlichen Tätigkeit zu etablieren, standen die Gelehrten unangefochten an der Spitze der gesellschaftlichen Werteskala innerhalb der jüdischen Gemeinschaft. Arme, aber traditionskundige Absolventen einer Jeschiva standen als Schwiegersöhne weit höher im Kurs als Ignoranten aus reichem Hause. Diese so sympathische Werteordnung, die theoretisch auch begabten Sprösslingen einfacher Familien Möglichkeiten sozialer Anerkennung eröffnete, barg jedoch das Problem gelehrter Eliten im Elfenbeinturm in sich. Die breite Mehrheit der Juden in Aschkenas, die alle Kraft darauf verwenden musste, sich ihren Lebensunterhalt zu erkämpfen, konnte weder auf die Mitwirkung ihrer Söhne dabei verzichten, noch den immer komplizierteren Verästelungen der Halacha folgen. Zeit zum intensiven Studium von Talmud und Kommentaren konnten sie auch nicht erübrigen. Somit waren weite Teile der jüdischen Bevölkerung auf eine sehr niedrige Stufe der religiösen

Werteskala abonniert. Was die rabbinischen Gelehrten taten und dachten, blieb ihnen genauso verschlossen wie den einfachen Christen das Treiben ihrer Theologen. Nur in Zeiten messianischer Hochspannung, wenn die Hoffnung auf das Ende der Welt die Massen ergriff, fühlten sie sich unmittelbar mit ihren intellektuellen Eliten verbunden. Ähnlich geschah es im negativen Extrem: in Verfolgung und Vertreibung, wenn einfache und gelehrte Juden gleichermaßen das grausame Schicksal einer religiösen Minderheit erlitten.

Für die zahlreichen Gemeinden Osteuropas, die in Dörfern und Städten weithin parallel zur christlichen Umwelt ihr intensives Eigenleben führten, war die Spaltung der Gemeinschaft in gelehrte Eliten und ungebildete Masse ein besonders virulentes Problem. Ohne Aussicht auf eine gute traditionelle Ausbildung, ohne wirkliche Teilhabe an den Werten der jüdischen Religion folgte die Mehrheit der osteuropäischen Juden ihren Rabbinern.

Der Zerfall der osteuropäischen Gemeinden in eine spirituell aktive Elite und eine religiös marginalisierte Mehrheit könnte sowohl die Entstehung als auch die rasante Ausbreitung des osteuropäischen Chassidismus verstehen helfen. Sein legendärer Begründer, Israel ben Elieser Ba'al Schem Tov, dessen mystische Lehre die Bewegung vermutlich inspirierte, hatte den Kampf eines Ungelehrten um Anerkennung bei den rabbinischen Eliten selbst ausgefochten – und gewonnen. Sein theologischer Entwurf, soweit er aus den Worten seiner Anhänger rekonstruierbar ist, zielte darauf, die religiöse Praxis wieder in den Alltag der einfachen Menschen zu integrieren. Dies gründete in der mystischen Einsicht, dass Gott in und hinter allen Dingen der Welt präsent ist. Aufgabe der Juden sollte sein, die materiale Oberfläche des Alltags und seiner Verrichtungen zu durchdringen und sich an die göttliche Wurzel zu heften, die ihnen immanent ist. Dieses Anheften an Gott, die *Devekut*, konnte im täglichen

Entstehung und Ausbreitung des Chassidismus

Gebet des einfachen Viehhändlers ebenso statthaben wie während der Talmudlektüre eines Gelehrten. Die Devekut sollte möglichst das gesamte Leben umgreifen; ein jeder wurde vor die Aufgabe gestellt, zu Gott durchzudringen, wo immer man ging und stand.

Der Große Maggid als Organisator des Chassidismus

Als der Ba'al Schem Tov im Jahre 1760 starb, gingen seine Anhänger daran, dessen mystische Konzeptionen zu systematisieren und zu organisieren. Letztere Aufgabe übernahm vor allem der kabbalistische Gelehrte Dov Bär, der *Große Maggid* (hebr. Prediger) von Miedzyrzecz. Als er 1772 starb, war aus einer kleinen Gruppe von Anhängern des Ba'al Schem Tov eine mystische Bewegung geworden, die den heftigen Widerstand der traditionell rabbinischen Gelehrten zu spüren bekam. Dov Bär, in der chassidischen Historiographie als Nachfolger des Ba'al Schem geführt, hatte in Miedzyrzecz eine Art Jeschiva begründet, in der er etliche Anhänger auf eine öffentliche Wirksamkeit als Zaddik, als Gemeindeleiter im chassidischen Sinne, vorbereitete. Nach dem Tode des Großen Maggid kam es zu einer regelrechten Aussendung dieser Anhänger, die in Galizien und der Ukraine eigene »Stützpunkte« (Höfe) begründeten, wodurch der Chassidismus sowohl eine organisatorische Struktur als auch große territoriale Verbreitung erfuhr.

Das Modell des Zaddik als eines charismatischen Gemeindeleiters, der sich um das spirituelle und persönliche Wohl seiner Anhänger höchstselbst kümmert, wurde von vielen osteuropäischen Juden begeistert aufgegriffen und veränderte die Gemeindestrukturen in Galizien und der Ukraine völlig. Überall im Lande entstanden chassidische Höfe, denen treue Anhänger mehrmals im Jahr ihre Aufwartung machten, um ihrem Zaddik Bitten um materielle und spirituelle Hilfe vorzutragen oder einfach nur in dessen Nähe zu sein. Die traditionellen Rabbiner und die örtlichen Gemeindeinstitutionen (Synagogen, Schulen, Schächter) gerieten darüber ins Hintertreffen und formierten sich zum Widerstand. Zentrum der *Mitnaggedim* (hebr. Gegner, nämlich der Chassidim) war Litauen, Osteuropas Hochburg rabbinischer Gelehrsamkeit. An ihrer Spitze stand ihre Koryphäe, Elija ben Salomo Salman (1720–1797), der *Wilner Gaon*. Die ersten mitnaggedischen Bannflüche trafen die chassidische Bewegung 1772, im Todesjahr des Großen Maggid. Eine zweite Welle der Verfolgung wurde durch das erste gedruckte chassidische Buch, die *Toledot Ja'akov Josef* des Jakob Josef von Polonne, ausgelöst. Bücherverbrennungen, gegenseitige soziale Ausgrenzung bis hin zu Vertreibungen prägten die Auseinandersetzung in Osteuropa, bis mit der Haskala, der jüdischen Aufklärung, ein neuer, schlimmerer Feind am Horizont erschien, den man gemeinsam zu bekämpfen beschloss.

Die Lehre vom Zaddik

Eines der bedeutendsten theoretischen Systeme des frühen Chassidismus geht auf das Konto eines anderen Anhängers des Ba'al Schem Tov namens Jakob Josef ben Zwi Katz von Polonne (starb ca. 1782). Er entwickelte die erste Theorie des Zaddik, des chassidischen Gemeindeleiters. Seiner Ansicht nach ließ sich der Graben zwischen den rabbinischen Gelehrten und dem einfachen Volk nur überwinden, wenn die Eliten zu den Ungebildeten »herabstiegen«. Die Trennung innerhalb des jüdischen Volkes war für Jakob Josef nicht nur ein soziales und intellektuelles Ärgernis, sondern eine kosmische und theologische Katastrophe, da sie eine Spaltung innerhalb der Sefirot, der offenbaren Kräfte Gottes, zur Folge hat. Der »Abstieg« des Zaddik konnte vor diesem Hintergrund nicht bedeuten, dass sich der Gelehrte an das Bildungsniveau der einfachen Juden anglich. Es war vielmehr vonnöten, dass Eliten wie Ungelehrte eine je spezifische Aufgabe erfüllten, die sie aneinander band. Mission des Zaddik sollte es sein, aufgrund seiner mystischen Kompetenz eine möglichst permanente Devekut anzustreben; die des einfachen Juden, des Chassid, sich an den Zaddik zu schmiegen und an dessen Spiritualität zu partizipieren. Der Zaddik wurde zu einem Mittler der Gottesgegenwart, der Chassid wandte sich dem Gelehrten wieder zu und half ihm (auch materiell), seine Aufgabe zu erfüllen.

Zwei Autodidakten:
Der Ba'al Schem Tov und der Wilnaer Gaon

Die Öffnung der Archive im ehemaligen Ostblock hat (unter anderem) Beweise dafür zutage gefördert, dass Israel ben Elieser Ba'al Schem Tov keine mythische, sondern eine historische Persönlichkeit ist. Er lebte spätestens seit den vierziger Jahren des 18. Jahrhunderts in Miedzybozh. Die dortige jüdische Gemeinde hatte ihn als Kabbalisten angestellt, damit er, gemeinsam mit dem um ihn versammelte Kreis, im Gebet den Segen des Ewigen auf den Ort herabzog und die heiligen Schriften studierte. Dies Amt, welches der Besch"t bis zu seinem Tod bekleidete, dokumentiert die Anerkennung seitens des jüdischen Establishments, die dem Ba'al Schem Tov nach langem Ringen schließlich zuteil wurde. Er hatte die Hindernisse, die seine einfache Herkunft und ein untypischer Bildungsweg ihm auferlegten, durch eigene Anstrengung und wohl auch persönliche Ausstrahlung überwunden.

Die Genealogie des Elija ben Salomo Salman, als *Gaon* (hebr. Erhabener) *von Wilna* in die Geschichte eingegangen, liest sich hingegen wie ein Verzeichnis des höchsten jüdischen Bildungsadels. Während die Erzählungen über die Kindheit und Jugend des Ba'al Schem Tov von dessen Weigerung berichten, am Schulunterricht teilzunehmen, schreiben sie dem Wilnaer Gaon schon von frühester Kindheit an die erstaunlichsten Erfolge beim Studium selbst der anspruchsvollsten Schriften zu. Früh wird man auf seine Fähigkeit aufmerksam; die besten Lehrer möchten ihn unterrichten – er aber braucht sie kaum, sondern zieht es vor, nach eigener Methode und Planung zu studieren. Der Besch"t lernt, so will es die Legende, im Wald. Der Gaon schließt sich fast sein Leben lang in seiner Studierstube ein, wo er Tag und Nacht lernt, bei Bedarf mit den Füßen in Eiswasser, um nicht einzuschlafen.

Als Erwachsener fristet der Ba'al Schem Tov mühselig sein Leben. Er ist arm, gilt als ungebildet und wird von den gelehrten Kabbalisten, um deren Anerkennung er wirbt, abgelehnt. Der Legende nach versucht er sich als Pächter, verrichtet niedere Gemeindeämter und wirkt gelegentlich als Ba'al Schem, als eine Art Heilpraktiker. Mit 36 Jahren soll er seine erstaunlichen mystischen Fähigkeiten offenbart und erste Anhänger gewonnen haben. Er praktiziert nun sozusagen offiziell als Retter und Heiler, reist viel herum und lässt sich schließlich in Miedzybozh nieder. Auch der Gaon soll in seiner frühen Zeit viel gereist sein. Er kam in Polen und Deutschland herum, doch waren dies eher Studienreisen. Bald ließ er sich jedoch in Wilna nieder, wo er aufgrund seiner exorbitanten Gelehrsamkeit von der Gemeinde bezahlt wurde. Seine Tage und Nächte verbrachte er über Büchern; nur wenige Auserwählte wurden von ihm unterrichtet. Wie der Besch"t verfasste er keine eigenen Schriften. Was in seinem Namen veröffentlicht wurde, entstammt den Mitschriften seiner Schüler oder den Rändern der heiligen Texte, auf die er seine Kommentare niederlegte.

Beide, der Ba'al Schem Tov wie der Gaon, revolutionierten das jüdische Denken: der Besch"t mit seinem Konzept der einfachen Frömmigkeit, der Gaon, indem er Quellenkritik und säkulare Wissenschaften (Geographie, Medizin, Mathematik) in die Auslegung der heiligen Schriften einbezog. Dennoch waren die beiden Männer denkbar unterschiedlich und wären zu erbitterten Gegnern geworden, hätte es die chassidische Bewegung schon zu Lebzeiten des Besch"t gegeben. Die Relativierung des Bibel- und des Talmudstudiums zugunsten einer mystischen Durchdringung des Alltags trieb dem Gaon die Zornesfalten auf die Stirn. Er sah im entstehenden Chassidismus eine tödliche Gefahr für das Judentum, ein Wiederaufleben des Sabbatianismus. Wiewohl selbst ein großer Kabbalist, hielt der Gaon die Verbreitung mystischer Ideen im Volke für verhängnisvoll. Seiner Ansicht nach waren die vermeintliche Geringschätzung der Halacha durch die frühen chassidischen Meister, die neuen Ansätze in Brauch und Liturgie kompromisslos zu bekämpfen.

Zwei Männer, beide im Osteuropa des 18. Jahrhunderts aufgewachsen, beide Autodidakten, beide um eine Reform des jüdischen (Geistes-)Lebens bemüht und doch völlig gegensätzlich. Der Ba'al Schem, aus einfachen Verhältnissen zum anerkannten Kabbalisten geworden, und der Gaon, aus höchstem Gelehrtenadel noch höhere Gelehrsamkeit erstrebend, entwarfen grundverschiedene Visionen von der Zukunft des Judentums.

Zwei chassidische Bücher: Die Toledot Ja'akov Josef und die Sippuré Ma'assijot Nachmans von Brazlaw

Das erste je gedruckte chassidische Buch, welches im Jahre 1780 in Korzec erschien, löste sofort einen Aufruhr in der osteuropäisch-jüdischen Gemeinschaft aus. Ein Gelehrter aus dem unmittelbaren Anhängerkreis des Ba'al Schem Tov hatte es geschrieben und ihm, wie bei jüdischen Autoren jener Zeit üblich, ein Bibelzitat zum Titel gegeben, das seine Vornamen enthielt: *Toledot Ja'akov Josef* (vgl. Gen 37,2). Der äußeren Form nach war es ein höchst traditionelles Buch: eine Sammlung von »Homilien« zu den in der Synagoge gelesenen Tora-Abschnitten. Wie bei solcherlei Homilien durchaus üblich, sind es äußerst komplexe und komplizierte Texte, voll von Anspielungen auf Talmud, Midrasch und kabbalistische Traditionen. Die konservative äußere Form jedoch verbirgt einen explosiven Inhalt: Unter schärfsten Angriffen auf die alten rabbinischen gelehrten Eliten wird der Zaddik als charismatisches Gegenmodell entworfen. Die Botschaft der Toledot wurde von Freund und Feind gleichermaßen verstanden. Das Buch erreichte den Rang einer Grundschrift des Chassidismus; die Mitnaggedim belegten es mit dem Bann oder verbrannten es. Heute gehören die Toledot zu den Klassikern der orthodoxen theologischen Literatur.

Eines der originellsten Werke chassidischer Tradition trägt den Namen *Sippuré Ma'assijot* (hebr. etwa »Erzählungen von Ereignissen«) und enthält dreizehn bizarre und sehr vielschichtige Schönheiten, die man etwas gewalttätig als Kunstmärchen bezeichnen kann. Sie wurden zwischen 1806 und 1810 vom Urenkel des Ba'al Schem Tov, Nachman von Brazlav (1772–1810), erzählt und 1815 erstmals gedruckt.

Nachman von Brazlav

Nachman, einer der ungewöhnlichsten Zaddikim, versuchte in seinem kurzen und wechselvollen Leben eine Reform der chassidischen Bewegung ins Werk zu setzen. Nach dem Scheitern seiner messianischen Hoffnungen und angesichts der in den größeren ukrainischen Städten um sich greifenden Haskala gelangte er zu der Einsicht, dass die alten Worte der Tora ihre Kraft verloren hätten. Wollte man der Gleichgültigkeit vieler Juden gegenüber ihrer Tradition entgegenwirken und sie zu ihren Wurzeln zurückführen, müsste man die Tora auf völlig neue Weise zur Sprache bringen. Eben dies versucht Nachman mit seinen exotischen »Märchen«, in denen Könige, Prinzessinnen und Weise auf gefährlichen Seereisen einander verlieren und wieder finden, sich wandeln und neue Wege entdecken. Das verborgene Thema dieser oft höchst komplizierte Erzählungen ist der verschlungene Weg der Erlösung Israels, des Tikkun, der Wiederherstellung Gottes, der Heimkehr ins Gelobte Land. Die Sippuré Ma'assijot haben große jüdische Schriftsteller zu eigenen Werken inspiriert: Die bizarre Erzählwelt des *Nister* (Pinchas Kahanowitsch, 1884–1950) etwa, oder die für die moderne hebräische Literatur bahnbrechenden Dichtungen des Nobelpreisträgers Schmuel Josef Agnon (1888–1970) sind ohne Nachmans Erzählungen nicht zu denken. Der unglückliche Zaddik, der das Ende *seines* Judentums heraufdämmern sah, legte mit seinen Sippuré Ma'assijot einen Grundstein für die moderne hebräische Literatur.

8. Tora und Israel auf dem Prüfstand (19. bis 20. Jahrhundert)

Die Geschichte der Juden in den christlichen Mehrheitsgesellschaften Europas im späten 17. und 18. Jahrhundert ist geprägt von einem äußerst komplexen Prozess gegenseitiger Annäherung und deren Infragestellung. Die Epoche zwischen 1781 (»Toleranzpatente« Kaiser Josephs II.) und 1878 (Berliner Vertrag) beinhaltet Anfang und Endpunkt des mühsamen Ringens um die Emanzipation der jüdischen Bürger Europas. Dieser Prozess lässt sich in drei Phasen gliedern, in denen die rechtliche Gleichstellung vollzogen und wieder zurückgenommen wurde. Die erste Etappe (1781–1815) stand ganz im Zeichen der Französischen Revolution, in deren Folge die Juden Frankreichs durch ein Gesetz der Nationalversammlung von 1791 volle Bürgerrechte erhielten. Im Zuge der Eroberung weiter Teile Europas durch französische Truppen wurde diese Rechtsauffassung exportiert. Nach der Niederlage Napoleons I. und der restaurativen Neuordnung Europas im Gefolge des Wiener Kongresses 1815 erlitten die Emanzipationsbestrebungen jedoch einen schweren Rückschlag. Die zweite Etappe (1830–1848) sieht wiederum Frankreich als Vorreiter der bürgerlichen Gleichstellung der Juden, da der Bürgerkönig Louis Philippe (1830–1848) die Revolutionsgesetzgebung bestätigte und die jüdische Religion den christlichen Kirchen gleichstellte. In den deutschen Ländern führte die Revolution von 1848 zur Versammlung in der Frankfurter Paulskirche, in deren Katalog der Grundrechte allen religiösen Bekenntnissen volle staatsbürgerliche Anerkennung zuteil wurde. Das Scheitern der bürgerlichen Revolution und die folgende konservative Restauration ließen jedoch diskriminierende Bestimmungen gegen die Juden wieder aufleben. Die dritte Phase der Emanzipationsbemühungen (1858–1878) kann man auf die Erfolge der englischen Gesetzgebung zurückführen, die mit der Abschaffung christlicher Eidesformeln im Jahre 1858 die tatsächliche Gleichberechtigung seiner jüdischen Bürger bewerkstelligte. Andere Staaten folgten, so dass mit Ausnahme Russlands alle großen europäischen Staaten im Jahre 1871 die Emanzipation der Juden rechtlich vollzogen hatten. Den Schlusspunkt dieser Entwicklung bildete der Berliner Vertrag von 1878, der alle europäischen Großmächte (außer Russland und die von ihm beherrschten Gebiete Osteuropas) auf die Gleichstellung seiner Bürger verpflichtete. Von den ersten vorsichtigen Ansätzen in den Niederlanden (1615) bis zu diesem Zeitpunkt hatte der mühsame Prozess der Emanzipation der europäischen Judenheit also mehr als 250 Jahre gedauert.

8.1. Zur Geschichte der Juden Europas in der Neuzeit

Es war zunächst und vor allem eine juristische Anerkennung geschaffen worden, oft vorangetrieben von einigen wenigen Vorreitern der Vernunft. In den Köpfen war die Botschaft von der Gleichheit aller Menschen jedoch nicht in gleicher Weise angekommen. Die Emanzipation erbrachte vielerorts eine Ausweitung der beruflichen Möglichkeiten für Juden. Angehörige der schmalen Oberschicht ehemaliger Hofjuden beteiligten sich maßgeblich an der Entwicklung eines modernen Bankwesens. Die übergroße Mehrheit wandte sich jedoch dem Handwerk zu, da der Erwerb von Grund und Boden und somit landwirtschaftliche Betätigung praktisch sehr schwierig, eine Karriere im staatlichen Sektor vielfach unmöglich war. Erstmals traten jüdische Erwerbstätige somit in direkte Konkurrenz zu christlichen Anbietern. Sie wurden feindselig beäugt. Besonders in den restaurativen Perioden nach 1815 und um 1848 kam es zu antijüdischen Ausschreitungen wie den »Hep-Hep-Unruhen« nach 1819. Nahezu zeitgleich mit den Emanzipationsbestrebungen aufgeklärter Eliten entwickelten sich besonders in den noch ungefestigten Nationalstaaten wie Deutschland oder den Balkanstaaten nationalistische Ideologien. So vertraten Ernst Moritz Arndt (1769–1860), Johann Gottlieb Fichte (1762–1814) und Friedrich Ludwig Jahn (1778–1852) die Auffassung, die Juden bildeten einen »Staat im Staate« und seien daher vom Bürgerrecht auszuschließen. Arndt, Fichte und Jahn entwarfen das Konzept eines christlich verbrämten Germanentums, aus dem die jüdische Minderheit per definitionem ausgeschlossen war. Als Folge der nicht bewältigten Emanzipations- und Modernisierungsprozesse der europäischen Gesellschaften und ihrer religiös-nationalistisch gefassten restaurativen Gegenbewegungen entstand in der zweiten Hälfte des 19. Jahrhunderts der Antisemitismus als eine rassistische Ideologie. Gestützt auf das neu entwickelte Parteienwesen und eine aufblühende Presse, fand er besonders in Deutschland große Verbreitung.

Haskala – Die jüdische Aufklärung

Wie reagierten die jüdischen Gemeinden Europas auf jenen mühevollen Weg rechtlicher Gleichstellung? Sie durchlebten den Prozess der Emanzipation als eine Zeit großer Wandlungen und Brüche. Paradoxerweise führten Fortschritte im Kampf um bürgerliche Gleichstellung meist zu Spaltungen innerhalb des europäischen Judentums; in Phasen der Verfolgung hingegen dominierten Solidarisierung und die Entwicklung transnationaler Organisationen. Die von Moses Mendelssohn initiierte kulturelle Öffnung des Judentums erwies sich als erfolgreich. Aus den Ländern Zentraleuropas kamen junge, traditionell ausgebildete Juden nach Berlin, um an dieser

Entwicklung teilzuhaben. Die ökonomische Elite des preußischen Judentums verschaffte ihnen eine materielle Basis, indem sie die jungen Männer als Hauslehrer ihrer Kinder beschäftigte. Auf diese Weise verbreiteten sich die Bildungsideale der Haskala in der jüdischen Oberschicht. Diese erste Phase der jüdischen Aufklärung, noch stark geprägt vom persönlichen Vorbild Mendelssohns, versuchte die Einheit von moderner europäischer Bildung und Halacha zu wahren. Andererseits legte derselbe Mendelssohn mit seinem am Denken Gottfried Wilhelm Leibniz' (1646–1716) und Christian Wolffs (1679–1754) geschulten Konzept der Unterscheidung zwischen Vernunftreligion und Offenbarung die Grundlage für die spätere Auseinandersetzung zwischen liberalen und orthodoxen Juden um die Relevanz der »Ritualgesetze« innerhalb der Halacha.

Schon in der Generation nach Mendelssohn geriet die Vereinbarkeit von moderner Bildung und traditioneller Lebensweise gegenüber dem Versuch ins Hintertreffen, sich umfassend an die christliche Mehrheitsgesellschaft zu akkulturieren. Dies betraf einerseits das traditionell jüdische Bildungswesen vor allem Osteuropas. Jüdische Aufklärer, allen voran Herz Homberg (1749–1841), stellten sich ganz in den Dienst des österreichischen Herrscherhauses, um ihre jüdischen Mitbürger zu »bessern«. Mitunter übernahmen sie sogar christliche Vorurteile, wie etwa jenes, dass Talmud und einseitige Tätigkeit im Kleinhandel für einen jüdischen »Obskurantismus« und die Unfähigkeit zu »nützlicher Arbeit« verantwortlich seien. Der jüdische Reformeifer erfasste bald auch die religiöse Praxis. Man übernahm Elemente der protestantischen Liturgie und Gemeindeorganisation, um das Judentum zu einer Konfession im christlichen Sinne umzugestalten. Vorläufer des Strebens nach einer Liberalisierung des Gottesdienstes war der 1810 geweihte jüdische »Tempel« in Seesen (Harz), nach dessen Muster

Entstehung des liberalen Judentums

der »Neue Israelitische Tempelverein in Hamburg« (1817) Konzeptionen entwickelte, an denen sich wiederum Reformgemeinden in Berlin und Frankfurt/Main orientierten. Zum eigentlichen Initiator und Exponenten dieser Strömung, die als liberales Judentum in die Geschichte eintreten sollte, wurde der Rabbiner und Orientalist Abraham Geiger (1810–1874). Er verfasste ein Gebetbuch (→*Siddur*) in deutscher Sprache und setzte sich nachdrücklich dafür ein, diejenigen Elemente jüdischen Glaubens aufzugeben, die seiner Meinung nach einer Zugehörigkeit zur deutschen Nation entgegenstanden, wie etwa die messianische Hoffnung auf eine Rückkehr nach Jerusalem. Am Ob und Wie der Modernisierung der jüdischen Glaubenspraxis entzündete sich eine innere Auseinandersetzung zwischen Konservativen, moderaten und radikalen Reformern, die letztlich zur Ausprägung der großen Strömungen innerhalb des modernen Judentums führen sollte. Manche Juden, meist Angehörige der Bildungs- oder Wirtschaftselite, sahen für sich innerhalb ihrer Religion keine Heimat mehr oder hofften auf den Taufschein als »Entréebillet« (Heinrich Heine) zur vollständigen Integration in die christliche Mehrheitsgesellschaft.

Neo-Orthodoxie

Die Schärfe der innerjüdischen Debatte um den richtigen Weg der Emanzipation darf nicht darüber hinwegtäuschen, dass die Haskala ebenso wie das liberale Judentum nur eine Minderheit innerhalb der jüdischen Bevölkerung von Aschkenas erreichte. Die Mehrheit der deutschen Juden, um das Jahr 1800 etwa 75 Prozent, lebte auf dem Land oder in kleinen Städten und wurde von den Reformgedanken nicht tangiert. Die folgenden Jahrzehnte erlebten zwar eine nachhaltige Urbanisierung, bis Ende des Jahrhunderts überwog jedoch in den deutschen Ländern (und noch viel mehr in Osteuropa) die traditionelle Lebensweise. Doch auch in den größeren Städten, in denen sich der Einfluss der Aufklärung Geltung verschaffte, formierte sich eine Gegenbewegung, die auf einer strengen Wahrung der Halacha bestand. Der Exponent dieser Strömung, Samson Raphael Hirsch (1808–1888), forderte eine moderne Orthodoxie, bei der sich die Treue zur religiösen Tradition mit einer Teilhabe an der bürgerlichen Gesellschaft verbinden sollte. In Frankfurt/Main, der Wirkungsstätte Hirschs, trennten sich 1851 die Anhänger der Neo-Orthodoxie von der liberalen Mehrheitsgemeinde. Das preußische Austrittsgesetz von 1876 schuf diesem Vorgang nachträglich eine gesetzliche Grundlage, so dass sich in der Folgezeit weitere orthodoxe Gemeinschaften konstituierten. Die Einheit der jüdischen Ortsgemeinde war damit zerbrochen, die Konfessionalisierung des Judentums besiegelt.

Jüdisches Vereinswesen

Der sich verbreitende Nationalismus und Antisemitismus in Europa, die schwierige Situation der Juden im Osmanischen Reich (Verfolgungen ab 1853) und in Osteuropa (Pogrome ab 1881), führten zu einer Welle der Solidarisierung unter den europäischen Juden. Erstmals gründeten sich internationale Vereinigungen, die sich die Unterstützung verfolgter Juden sowie die Hilfe bei Ausbildung und in materieller Not auf die Fahnen geschrieben hatten. Zu diesen Organisationen gehörten die Alliance Israélite Universelle (gegründet 1860), die Anglo-Jewish Association (1871), die 1873 in Wien entstandene Israelitische Allianz sowie der Hilfsverein der deutschen Juden (Berlin 1901). Um möglichst vielen Juden das Mittun zu ermöglichen, arbeiteten die Vereine auf säkularer Grundlage. An ihrer Spitze standen kapitalkräftige Philanthropen, die den Ankauf von Land, die Einrichtung von Schulen oder die Finanzierung von Hilfsprogrammen für Auswanderer ermöglichten. Gleichzeitig entstanden in vielen Ländern Europas Vereinigungen, die sich auf nationaler Ebene für die Interessen der jüdischen Bürger einsetzten. Diese waren vor allem dort von Bedeutung, wo (wie in Deutschland) die Integration der Juden nicht oder nur schwer vorankam. Der größte unter den zahlreichen deutsch-jüdischen Vereinen war der 1893 gegründete Central-Verein Deutscher Staatsbürger jüdischen Glaubens, der bereits in den zwanziger Jahren des 20. Jahrhunderts die Interessen von etwa 300.000 deutschen Juden vertrat.

Zionismus – eine jüdische Nationalbewegung

Die Emanzipation hatte bei vielen europäischen Juden die Hoffnung geweckt, als Bürger ihrer Länder gleichberechtigt Anteil am öffentlichen Leben zu erhalten. Mit neuem Selbstbewusstsein, manchmal verunsichert hinsichtlich der eigenen Identität, gingen die Juden daran, ihre Interessen zu formulieren. Das Spektrum der vorgeschlagenen Wege reichte von Assimilation bis zur intensiven Rückbesinnung auf die eigenen Traditionen. Paradoxerweise führten die antiemanzipatorischen Rückschläge zu ähnlichen Reaktionen: Die einen entschlossen sich zum Verlassen des Judentums, wurden Christen oder Sozialisten, weil sie an der Möglichkeit verzweifelten, jemals anerkannt zu werden. Die anderen gaben ihre Assimilationsversuche auf, weil sie davon überzeugt waren, niemals anerkannt zu werden. Statt sich zu akkulturieren, wollten sie eine eigene, eine jüdische Nation schaffen. Vorläufer dieser Entwicklung, die schließlich in den Zionismus mündete, waren nicht zufällig ein osteuropäischer und ein deutscher Jude: Leon Pinsker (1821–1891) aus dem polnischen Tomaszów und Moses Hess (1812–1875) aus Bonn. Pinsker forderte in seinem Buch *Auto-Emanzipation. Ein Mahnruf an seine Stammesgnossen von einem russischen Juden* (Berlin 1882) den Ankauf von Land für die Ansiedlung von Juden, um dadurch letztlich eine jüdische Nation zu schaffen. Hess (*Rom und Jerusalem – Die letzte Nationalitätenfrage*, 1862) deutete die Zeit seit der Französischen Revolution als Periode des Erwachens der Völker. Nachdem das italienische Volk (»Rom«) 1859 seine nationale Unabhängigkeit erlangt habe, sei nun die Reihe an den Juden (»Jerusalem«). Insbesondere in Osteuropa, vor allem nach den Pogromen von 1881 stieß die Idee einer jüdischen Nationalbewegung auf große Resonanz. Erste Organisationsversuche, Landkäufe und Auswanderungswellen zeigten jedoch keinen nachhaltigen Erfolg – bis Theodor Herzl (1860–1904) sich der Sache verschrieb. Der dritte Weg zwischen Assimilation und Zionismus führte in die Neue Welt. Hunderttausende Juden, vor allem aus Osteuropa, haben ihn seit dem 19. Jahrhundert beschritten. Sie waren an Europa verzweifelt und sollten damit Recht behalten.

8.2. Profile des modernen europäischen Judentums

Orthodox, konservativ, liberal und säkular: Facetten des modernen Judentums

Bis weit ins 20. Jahrhundert hinein lebte die große Mehrheit des aschkenasischen Judentums in kleinen Städten und Dörfern Osteuropas und zählte zum orthodoxen Lager. Den jüdischen Aufklärern (*Maskilim*, von hebr. Haskala) gelang es nur mühsam, dort an Einfluss zu gewinnen. Ihr Wirken, häufig unter Zuhilfenahme staatlicher Autorität, bedeutete einen erheblichen kulturellen Einbruch in die Jahrhunderte lang von der christlichen Umwelt unabhängige Lebensweise der Gemeinden. Um die von den traditionell lebenden Juden als bedrohlich empfundene Haskala zu bekämpfen, beendeten die Chassidim und ihre orthodoxen Widersacher, die Mitnaggedim, im 19. Jahrhundert ihren Konflikt und bildeten ein gemeinsames Lager (die *Charedim*, hebr. Fromme) – und so ist es bis heute. Auch wenn innerhalb der Charedim die chassidischen und die an den litauischen Jeschivot orientierten Orthodoxen deutlich unterscheidbar sind, teilen sie doch die Überzeugung, an der überlieferten Lebensweise unbedingt festzuhalten, und betrachten das säkulare Judentum als ihren gemeinsamen Gegner.

Das liberale Judentum fußt letztlich auf der bereits von Moses Mendelssohn getroffenen Unterscheidung zwischen dem Judentum als universaler Vernunftreligion und der Offenbarung am Sinai, die nur partikulare Geltung habe. Mendelssohn betrachtete die Bestimmungen der offenbarten Halacha als symbolische Handlungen, die den Juden dazu verhelfen, die Vernunftwahrheit der jüdischen Religion zu erkennen. Er stellte die Tradition daher nicht zur Disposition. Anders seine Nachfolger: Diese griffen die Unterscheidung zwischen Vernunftreligion (»ethische Gesetze«) und Symbolhandlungen (»Zeremonialgesetze«) auf und betonten die Notwendigkeit, letztere kritisch zu überprüfen. Der Umfang dessen, was von den Reformern als obsolet empfunden wurde, differierte stark. Gemäßigte Kräfte, wie der Breslauer Zacharias Frankel (1801–1875), traten für eine Rücknahme der messianischen Hoffnungen in Liturgie und Theologie ein, wollten aber die hebräische Sprache im Gebet der Synagoge beibehalten. Die einflussreichste Strömung innerhalb des werdenden liberalen Judentums, repräsentiert von Abraham Geiger (1810–1874), befürwortete jedoch die Einführung von Gebetbüchern in deutscher Sprache und suchte eine vorsichtige Annäherung an die Gottesdienstpraxis des deutschen Protestantismus. Radikale Kräfte, allen voran Samuel Holdheim (1806–1860), fochten für eine vollständige Konfessionalisierung des Judentums. Alle politischen und juridischen Elemente der Halacha sollten zugunsten des Landesbrauchs aufgegeben werden. Das Judentum sollte auf einen religiösen Glauben reduziert und (zum Beispiel durch Gottesdienste am Sonntag) an die christliche Kultur angeglichen werden. In überregionalen Versammlungen, beginnend mit der ersten Versammlung der Reformrabbiner in Braunschweig 1844, versuchte sich die liberale Bewegung zu organisieren, konnte aber keine Einigkeit über Art und Umfang der angestrebten Reformen erzielen.

Wissenschaft des Judentums Als bedeutender Faktor für die Entwicklung des deutschen Judentums im 19. und 20. Jahrhundert erwies sich ein weiteres Projekt des liberalen Judentums: sein Einsatz für die akademische Ausbildung von Rabbinern und, damit verbunden, sein Ausgreifen in die moderne Wissenschaft. Im Jahre 1854 wurde in Breslau mit dem Jüdisch-Theologischen Seminar die erste moderne Ausbildungsstätte gegründet. 1872 folgte die Hochschule für die Wissenschaft des Judentums zu Berlin als erste Einrichtung, die den Anspruch erhob, eine Rabbinerausbildung auf universitärem Niveau anzubieten. Bis zur Begründung dieser Institute entstammte das Gros der in Deutschland tätigen Rabbiner den traditionellen Jeschivot Osteuropas, entsprach also in der Regel nicht dem von den Reformern favorisierten theologischen Profil. Die neuen Seminare verschafften gleichzeitig dem Eintritt von Juden in die akademische Erforschung des Judentums eine institutionelle Basis. In kurzer Zeit und mit erstaunlicher Breitenwirkung entstand die Wissenschaft des Judentums, zu deren Exponenten Gelehrte wie der Orientalist Abraham Geiger, die Historiker Leopold Zunz (1794–1886) und Heinrich Graetz (1817–1891), der Philosoph und Philologe Zacharias Frankel sowie der Literaturwissenschaftler Moritz Steinschneider (1816–1907) gehörten. Schwerpunkte der Wissenschaft des Judentums waren die historische und die kulturelle Erforschung des Judentums und seiner Literatur. Bis zur Schoa griff dieses Projekt nicht wesentlich über Deutschland hinaus, auch wenn einzelne große Forscher Osteuropas (wie der Ethnologe An-Ski, 1863–1920, oder der Historiker Simon Dubnow, 1860–1941) sich seinen Ideen verschrieben. Dennoch bedienten sich jüdische akademische Insitutionen außerhalb Europas intensiv des Konzepts der Wissenschaft des Judentums. Zu ihnen gehören das Jewish Theological Seminary of America (vor allem in der Person Solomon Schechters, 1847–1915, der ihm ab 1902 vorstand), das Yivo (Yidischer Vissenschaftlikher Institut, 1925 in Berlin gegründet und bis 1940 mit Hauptsitz in Wilna) und die Hebräische Universität zu Jerusalem.

Das konservative, ursprünglich als neo-orthodox titulierte Judentum formierte sich in enger Tuchfühlung und Abgrenzung zur liberalen Strömung. Sein Grundsatz bestand darin, die Halacha in vollem Umfange aufrecht zu erhalten und sich dennoch so weit wie möglich der bürgerlichen Kultur zu öffnen. Der bedeutendste Theoretiker des neo-orthodoxen Judentums war Samson Raphael Hirsch (1808–1888), der in Frankfurt/Main die erste orthodoxe Sondergemeinde organisierte. Ihm war es darum zu tun, auf der Basis der Halacha ein von aufklärerischen Tendenzen befreites, ursprüngliches Judentum (»Jisroel-

Institutionen des konservativen Judentums

tum«) wiederherzustellen, welches vorbildhaft für andere Kulturen Tradition und Moderne in sich vereint. Nach dem preußischen Austrittsgesetz von 1876 gründeten sich auch in anderen Städten wie Berlin, Königsberg, Köln und Wiesbaden orthodoxe Gemeinden, die sich den Namen *Adass Jeschurun* (hebr. Gemeinde der Aufrechten; in Frankfurt/M. und Köln) bzw. Adass Jisroel (Berlin, Königsberg, später London) gaben. Der Begründer der Berliner Adass Jisroel, Asriel Hildesheimer (1820–1899), entwickelte ein eigenständiges Erziehungswesen, an dessen Spitze ein orthodoxes Rabbinerseminar stand, welches von 1873 bis 1938 in Berlin Studierende ausbilden konnte. Das »Rabbinerseminar für das orthodoxe Judentum« zu Berlin beherbergte, wie sein liberales Pendant, bedeutende jüdische Gelehrte, von denen stellvertretend der Bibel- und Talmudforscher David Hoffmann (1843–1921) sowie der Religionshistoriker Abraham Berliner (1833–1915) genannt seien.

Zionismus   Wie für die christliche, so sollte sich auch für die jüdische Kultur die Aufklärung als Katalysator einer säkularen Lebensweise herausstellen. Schließlich war es von einer »natürlichen« oder Vernunftreligion bis hin zu radikaler Traditionskritik nur ein Schritt. Ende des 19. Jahrhunderts bildeten sich auch im aschkenasischen Judentum Strömungen heraus, die sich zwar als jüdisch, nicht aber als religiös definierten. Zu ihnen gehörten in erster Linie die →*Zionisten* und die Sozialisten. Die Zionisten verdanken ihren Durchbruch dem organisatorischen Talent Theodor Herzls, der angesichts des wachsenden Antisemitismus, der Pogrome in der Ukraine 1881/82 und in Bratislava 1882 sowie vor allem der Dreyfus-Affäre in Frankreich 1894 zu der Einsicht gelangte, dass die Juden wie alle anderen Völker Europas einen eigenen Staat errichten müssten. Nach intensiver Vorbereitung gelang es ihm, 200 Unterstützer dieser Idee zum Ersten Zionistenkongress in Basel (1897) zu versammeln. Es wurde das Basler Programm verabschiedet, das die Grundsätze der zionistischen Bewegung formulierte. Der Kongress verlieh der Idee beträchtlichen Auftrieb. Schon im Folgejahr wurde ein zweiter Kongress einberufen, an dem Vertreter von mehr als 900 zionistischen Gruppierungen aus ganz Europa teilnahmen.

Über die präzise Ausrichtung der Bewegung kam es jedoch bald zu schweren Konflikten. Anhänger eines sozialistisch orientierten Zionismus, die 1903 gegründeten *Poalé Zion* (hebr. Arbeiter Zions), standen einer Minderheit religiöser Zionisten (*Misrachi*, 1902) gegenüber. Es tobte ein heftiger Streit darüber, ob die nationale Heimstatt der Juden in Palästina (»Zionisten Zions«) oder in einem anderen Gebiet (Uganda oder Argentinien, »Politische Zionisten«) geschaffen werden solle. Die Kontroverse um die Ausrichtung der Arbeit behinderte zwar die Aktivitäten; die Einheit der zionistischen Bewegung konnte jedoch auch dann gewahrt werden, als sich die Anhänger einer Besiedlung Palästinas auf dem 7. Zionistenkongress in Basel (1905) durchsetzten. Den größten politischen Erfolg erzielte die junge jüdische Nationalbewegung mit der Balfour-Deklaration von 1917, die jüdische Ansprüche auf einen Nationalstaat erstmalig anerkannte und 1920 durch die Aufnahme in den Friedensvertrag von Sèvres den Rang einer völkerrechtlich bindenden Absichtserklärung erhielt.

Die jüdischen sozialistischen Organisationen entstanden im zaristisch dominierten Osten, der einzigen Region Europas, in der es überhaupt ein jüdisches Proletariat gab. In der zweiten Hälfte des 19. Jahrhunderts hatte im russischen →*Ansiedlungsrayon* wegen Niederlassungsbeschränkungen sowie in den russischen Gebieten Polens eine massive Abwanderung in die großen Städte begonnen. In den jüdischen Vierteln von Warschau, Lodz oder Bialystok lebten Massen von völlig verarmten Juden, die sich vor allem in der Tabak- oder Textilindustrie mühsam

Jüdische Sozialisten

ihr täglich Brot erarbeiteten. Dies Elend erregte die Aufmerksamkeit junger jüdischer Intellektueller, denen die Emanzipation zu einem Universitätsstudium verholfen hatte. Wie die Zionisten, so waren auch die jüdischen Sozialisten davon überzeugt, dass eine Assimilation an die christliche Mehrheitsgesellschaft aussichtslos und falsch war. Im Unterschied zu jenen sahen sie doch nicht im Nationalismus, sondern in einer sozialen Revolution den Ausweg aus der Misere der jüdischen Bevölkerung.

Zur wichtigsten jüdisch-sozialistischen Organisation entwickelte sich der *Algemeyner Jiddischer Arbeter Bund in Lite, Poyln un Rusland* (kurz: Bund), der 1897 in Wilna gegründet wurde. Im Zentrum der Aktivitäten des Bundes standen die Organisation von Streiks und Demonstrationen, die Verbreitung von politischen Schriften und, vor allem nach den Pogromen von 1903 und 1905, die jüdische Selbstverteidigung. Von Anfang an hatte der Terror der zaristischen Regierung gegen ihre politischen Gegner den Bund zur konspirativen Arbeit gezwungen. Viele Bundisten saßen in russischen Gefängnissen oder waren nach Sibirien verbannt worden. Nach der gescheiterten Revolution von 1905 verblieben nur noch wenige Mitstreiter, die nicht resigniert hatten, verhaftet oder vor allem ausgewandert waren. Der Bund verlegte nun seine Aktivitäten auf die Verbreitung jiddischer Kultur und setzte sich für ein säkulares und autonomes jüdisches Gemeindeleben ein. Im Zuge des Ersten Weltkrieges und der Oktoberrevolution, die die Abtrennung Polens von Russland und die Auflösung des Bundes durch die Bolschewiken zur Folge hatten, konstituierte sich eine eigenständiger polnischer Bund. Er setzte den Kampf um die Bürgerrechte fort und leistete, befreit vom zaristischen Terror, gewerkschaftliche und kulturelle Arbeit erheblichen Umfangs. Seine größte Bedeutung erlangte er in den 1930er Jahren, als er maßgeblich den Kampf gegen den Antisemitismus organisierte.

Orthodox und säkular: Zwei Lebensbilder

Zwei osteuropäisch-jüdische Lebensbilder aus zwei aufeinander folgenden Epochen beschreiben zwei Menschen, die Großvater und Enkelin hätten sein können und doch gegensätzliche Strömungen des modernen Judentums repräsentieren: Der Rabbiner und Exeget Me'ir Löb Jechiel Michael (Malbi"m) aus dem ukrainischen Wolochisk (1809–1879) und die Ökonomin Rozalia Luksenburg (1871–1917) aus dem polnischen Zamosc. Beide verschlug es früh nach Warschau, wo der eine als gelehrte »Leuchte von Wolhynien« bekannt wurde, während die andere das Zweite Mädchengymnasium zu Warschau besuchen durfte. Beide reisten von dort nach Westeuropa: Der Malbi"m suchte 1834 berühmte Gelehrte auf, um von diesen Approbationen für ein Buch zu erhalten. Rozalia Luksenburg, die sich bald gefälliger Rosa Luxemburg nannte, floh im Jahre 1889 vor einer drohenden Verhaftung in die Schweiz. Sie hatte sich schon als Gymnasiastin für die proletarische Bewegung engagiert. In Zürich studierte sie Ökonomie, Geschichte, Philosophie und Mathematik. Neben ihren intensiven Studien, die sie 1897 mit einer Doktorarbeit abschloss, setzte sie mindestens ebenso eifrig ihr Engagement für die polnische Arbeiterbewegung fort.

Der Malbi"m

Rosa Luxemburg als Mädchen

Das vorläufige Ziel der Wanderungen des Malbi"m war Rumänien, wo er 1858 zum Oberrabbiner des Landes bestellt wurde. Den Kampf seines Lebens focht er gegen das liberale Judentum, gegen jegliche Einschränkung der Treue zur Halacha. Sein kompromissloses Auftreten geriet zum Politikum. Sogar der Ministerpräsident Rumäniens ergriff öffentlich Partei gegen ihn. Im Jahre 1864 erging ein Ausweisungsbeschluss. Den Rest seines Lebens verbrachte er in den verschiedensten Städten, in materieller Not, verfolgt von Maskilim und Chassidim gleichermaßen. Im Jahre 1879 erhielt er das Angebot, in Krementschug als Rabbiner tätig zu werden. Auf dem Weg dorthin starb er.

Zum Lebensmittelpunkt Rosa Luxemburgs wurde Deutschland, wo sie nach einer Scheinehe die deutsche Staatsbürgerschaft erhielt. 1898 ließ sie sich in Berlin nieder und trat noch im selben Jahr in die SPD ein. Intellektuelle und rhetorische Brillanz verhalf ihr zu einem schnellen Aufstieg innerhalb des linken Flügels der Sozialdemokratie. Ihre »Zeit der Ruhe« währte bis 1904. Von jenem Jahre an wurde Rosa regelmäßig verhaftet: wegen Majestätsbeleidigung (1904), wegen Anreizung zum Klassenhass (1906) und schließlich ab 1915 wegen ihres Widerstands gegen den Ersten Weltkrieg. Am 15. Januar 1919 wurde sie in Berlin ermordet.

Das Werk des Malbi"m widmete sich in erster Linie der Auslegung der Bibel. Er wollte den Maskilim und Reformern dort entgegentreten, wo sie sich am sichersten fühlten. In seinen Kommentaren, deren erste in seiner Zeit als Oberrabiner von Rumänien entstanden, suchte er die Halacha aus dem Literalsinn der Hebräischen Bibel zu begründen. Jedes einzelne Gebot sah er als biblisch verankert an, so dass seiner Meinung nach jeglicher Differenzierung in relevante und aufgebbare Tradition der Boden entzogen war. Neben seinen Kommentaren schuf er eine orthodoxe Hermeneutik, in der er die Regeln seiner

Interpretation niederlegte. Seine Mission, die Wahrheit der orthodoxen Grundhaltung auf dem Terrain der Reformer zu erweisen, vollendete er durch sein homiletisches Werk. Im Unterschied zu seinen orthodoxen Zeitgenossen waren seinen Predigten nur biblische, keine talmudischen Texte unterlegt.

Rosa Luxemburg verfasste ihre wichtigsten Schriften ab 1899 in Deutschland, vor allem während ihrer Gefängnisaufenthalte. Von ihren zahlreichen Aufsätzen und Zeitungsartikeln erlangte ihre Stellungnahme zur Oktoberrevolution (»Die russische Revolution«) von 1917 größte Bekanntheit, da in ihr der viel zitierte Satz von der Freiheit des Andersdenkenden fällt. Mit ihrem Kampf für die Revolution bei gleichzeitigem Einsatz für demokratische und humane Grundprinzipien stand sie von vornherein auf verlorenem Posten. Ihre jüdische Herkunft bedeutete ihr wenig. Ihren politischen Gegnern und Mördern diente sie hingegen als Bestätigung ihrer antisemitischen Überzeugungen. Wahr ist, dass eine ganze Generation junger jüdischer Akademiker die sozialistische Utopie der Gleichheit aller Menschen schätzen lernte, nachdem man sie aus Studentenbünden und Beamtenstuben ausgegrenzt hatte. Wahr ist, dass es ebenso prominente rechte wie linke jüdische Sozialdemokraten gab, die sich nur darauf einigen konnten, dass ihre jüdische Herkunft in einer idealen sozialistischen Gesellschaft keine Rolle mehr spielen würde. Womit sie sich alle irrten.

Zwei osteuropäische Juden eines Jahrhunderts, die man sich unterschiedlicher kaum denken kann: Worin waren die wesentlichen Ursachen für den rasanten Abbruch von Traditionen vor allem im jüdischen Bürgertum zu sehen? Wesentlich für diese Entwicklung dürfte der tiefgreifende Wandel des Bildungswesens gewesen sein. Kinder, die auf maskilische Schulen gehen durften, erhielten Zugang zur deutschen Sprache und zu weltlicher Bildung. Selbst die traditionellen Schriften des Judentums wie Bibel und Talmud wurden nach dem Vorbild protestantischer Katechismen vermittelt, um dem Judentum den Anstrich einer modernen europäischen Religion zu geben. Es bedurfte kaum zweier Generationen, um aus einer kleinen Minderheit von Autodidakten eine breite Schicht gebildeter jüdischer Europäer entstehen zu lassen, die entschlossen waren, in Politik, Wissenschaft und Kultur mitzutun. Was ihnen nachhaltig gelungen ist.

Ein doppelter Abgesang: »Der Judenstaat« und der »Deutsch-jüdische Parnass«

Eine ganze Sequenz von antisemitischen Ereignissen war erforderlich, um aus dem weitgehend assimilierten Wiener Juristen und Journalisten Theodor Herzl den Autor der zionistischen Programmschrift *Der Judenstaat* (1896) zu formen. Dazu gehörten die Pogrome in der Ukraine und in Bratislava (1881/82), die daraus resultierende Fluchtwelle osteuropäischer Juden nach Wien, die wiederum antisemitische Stimmungen anheizte. Es war die Tatsache, dass Herzl aufgrund seiner Herkunft nicht Beamter werden durfte und sich daher als Journalist betätigte, wodurch er zum Zeugen der Dreyfus-Affäre wurde. Sie brachte ihm die Erkenntnis ein, dass das moderne republikanische Frankreich nicht anders über Juden dachte als das provinzielle Wien. Herzl kam zu dem Schluss, dass nur ein jüdischer Nationalstaat die Juden vor dem Hass ihrer Verfolger retten könne und verfasste nach einigen vergeblichen Versuchen, Mäzene für seine Idee zu finden, den *Judenstaat*. Die 1896 in Wien erschienene Programmschrift des Zionismus erregte großes Aufsehen, enthielt sie doch nicht nur eine Begründung für das Streben nach einer jüdischen Heimstatt, sondern auch konkrete Vorschläge zu ihrer Realisierung. Der mühsame Kampf ums Dasein, der insbesondere die Juden Osteuropas niederdrückte, könnte in eine positive Aufbauleistung eines eigenen Staates transformiert werden, der mit Unterstützung der europäischen Großmächte in einem bisher dünn besiedelten Landstrich, Argentinien oder besser noch: Palästina etabliert werden solle. Zur Beförderung dieses Unternehmens schlug Herzl die Schaffung eines repräsentativen Rates (»Society of Jews«) vor, welche die notwendigen Entscheidungen wissenschaftlich und politisch vorbereiten sollte, und befürwortete den Aufbau einer Finanzorganisation (»Jewish Company«), die sich um die Ausführung dieser Beschlüsse kümmern würde.

Es war jedoch weniger der praktische Ansatz Herzls, der liberale und orthodoxe Rabbiner zum Widerspruch, die Jugend Osteuropas aber zu Beifallstürmen hinriss und den Erfolg der neuen zionistischen Idee zur Folge hatte, sondern vielmehr das ruhige Pathos der Schrift, das noch den heutigen Leser in seinen Bann schlägt:

»Der auf uns ausgeübte Druck macht uns nicht besser. Wir sind nicht anders als die anderen Menschen. Wir lieben unsere Feinde nicht, das ist ganz wahr. Aber nur wer sich selbst zu überwinden vermag, darf es uns vorwerfen. [...] Aber vielleicht könnten wir überall in den uns umgebenden Völkern spurlos aufgehen, wenn man uns nur zwei Generationen hindurch in Ruhe ließe. Man wird uns nicht in Ruhe lassen. Nach kurzen Perioden der Duldsamkeit erwacht immer und immer wieder die Feindseligkeit gegen uns. Unser Wohlergehen scheint etwas Aufreizendes zu enthalten, weil die Welt seit vielen Jahrhunderten gewohnt war, in uns die Verächtlichsten unter den Armen zu sehen. Dabei bemerkt man aus Unwissenheit oder Engherzigkeit nicht, dass unser Wohlergehen uns als Juden schwächt und unsere Besonderheiten auslöscht. Nur der Druck presst uns wieder an den alten Stamm, nur der Haß unserer Umgebung macht uns wieder zu Fremden.« (Herzl 2004 [1896]: 30 f.)

Aber hatten sich nicht jüdische Künstler und Wissenschaftler, Journalisten und Unternehmer längst einen prominenten Platz in der deutschen Gesellschaft erobert? Was mit Moses Mendelssohn, Heinrich Heine, den Salons der Rahel Varnhagen oder Henriette Herz in der ersten Hälfte des 19. Jahrhunderts begann – war es nicht in den ersten Jahrzehnten des Deutschen Reichs bis zur Weimarer Republik überdeutlich: eine geradezu idealtypische Verschmelzung deutscher und jüdischer Kultur, wie sie sich im Schaffen von Sigmund Freud (1856–1939), Heinrich Hertz (1857–1894), Edmund Husserl (1859–1938), Arnold Schönberg (1874–1951), Arthur Schnitzler (1862–1945), Else Lasker-Schüler (1869–1945) – um nur wenige zu nennen – ausdrückte?

Ein junger jüdischer Publizist namens Moritz Goldstein (1880–1977) teilte diese Hoffnungen nicht. In einem provozierenden Artikel mit dem nicht minder aufreizenden Titel »Deutsch-jüdischer Parnaß« (1912) erteilte er hoffnungsfrohen Erwartungen an eine kulturelle Symbiose eine Absage und löste damit eine heftige Debatte aus. Hier schrieb sich einer seinen Schmerz von der Seele und entblößte öffentlich den inneren Zwiespalt, in dem sich das deutsche Judentum befand. Einem Deutschland den Rücken zu kehren, das den jüdischen Beitrag zu seiner Kultur letztlich als undeutsch ablehnt, hätte eine Alternative sein können – wenn man sich denn die deutsche Dichtung, den deutschen Wald, Volkslieder und Brüder Grimm, Schillers Balladen und deutsche Tischsitten aus dem Herzen reißen könnte:

»Wir aus dem Ghetto Entlaufenen, wir glücklich-unglücklichen Erben westeuropäischer Kultur, wir Ewig-Halben, wir Ausgeschlossenen und Heimatlosen, [...] wir deutschen Juden, wir heute Lebenden, wir können ebenso wenig hebräische Dichter werden, wie wir nach Zion auswandern können. Oder mit andern

Worten: so sehr wir wünschen müssen, jüdische und nichtjüdische Deutsche kulturell reinlich voneinander zu scheiden, um aus dem Kompromiß, der Halbheit, der Menschen- und Mannesunwürdigkeit herauszukommen, so unmöglich scheint das, wenigstens in absehbarer Zeit.« (Moritz Goldstein zit. in Schoeps 2002: 290 f.)

Schoa

Die Verfasserin möchte sich des Versuchs enthalten, die Verbrechen des deutschen Volkes und seiner Verbündeten an den Juden Europas zwischen 1933 und 1945 mit eigenen Worten zu beschreiben. Sie bittet ihre Leser, stattdessen auf den folgenden Bericht zu hören. Er stammt aus dem Sefer Kedoschim, einem jiddischen Gedenkbuch an die chassidischen Opfer der Schoa.

»Der Osarenizer Rebbe, Reb Jitzchak Twersky, war ein Urenkel des Czernobyler Rebben Reb Aharon Twersky. Der letzte Osarenizer Rebbe Reb Jitzchak war ein Sohn vom Rebben Reb Baruch Me'ir von Osarenice (ein Teil von Mogilev-Podolski; ein Bach teilt die beiden Städte). Dieser [wiederum] war ein Sohn von Reb Nachum, welcher ein Sohn von Reb Aharon von Czernobyl war. Reb Nachum starb zu Lebzeiten seines Vaters. Der Osarenizer Rebbe, Reb Jitzchak Twersky, wohnte in Belz, Bessarabien. Er war der Schwiegersohn des Rebben Reb Jisra'el Aschkenasi, der in Barlad, Rumänien, gewohnt hatte. Dort nannte man ihn den Barlader Rebben. Reb Jitzchaks Frau hieß Malka-Frejde.

Der Osarenizer Rebbe Reb Baruch hatte eine große Anzahl an Chassidim. Er folgt dem chassidischen Weg der Czernobyler. Er verteilte Amulette und schrieb auch Rezepte auf Latein. Er hatte vier Kinder: zwei Töchter und zwei Söhne. Eine Tochter, Rivka, und ein Sohn, Schim'on, wurden durch die Deutschen umgebracht. Die andere Tochter, Chanele, war die Frau von Reb Dr. Schim'on Stein von Radowitz. (Er wurde am 5. Tischri

1941 durch die Rumänen umgebracht, möge der Ewige sein Blut rächen.) Der jüngere [Sohn], Aharon, war von Czernowitz zu seiner Schwester nach Radowitz gefahren und wurde von seinen Eltern getrennt.

Was mit seinem Vater, dem Osarenizer Rebben in Belz geschah, erfuhr Reb Aharon Twersky von anderen Juden. Sie erzählten ihm, als die Deutschen nach Bessarabien gekommen waren, ging Belz gleich am ersten Tag in Flammen auf. Auch das Haus des Rebben wurde verbrannt. Drei Tage später trieben die Deutschen alle Juden der Stadt gemeinsam mit dem Rebben zusammen und schickten sie fort nach Transnistrien.

In Belz waren fünfzigtausend Juden. Den Rebben vertrieben die Deutschen nach Ovadovka, ein Dorf in Transnistrien. Die Deutschen, zusammen mit den Rumänen, haben die Juden und den Belzer Rebben furchtbar misshandelt. Und am 14. Kislev 5701 (1941) haben die Deutschen ein ›Spektakel‹ mit dem Rebben veranstaltet. Die deutschen Mörder trieben die Juden zusammen, holten den Rebben [aus der Menge] heraus und banden ihn an einen Baum. Der Rebbe war in einen Tallit gehüllt und die Juden standen um ihn herum. Die Deutschen zogen dem Rebben am Bart und an den Schläfenlocken. Und wenn der Rebbe vor Schmerz stöhnte oder seinem Mund ein Wehelaut entfuhr, mussten die Juden vor ›Freude‹ Beifall klatschen, da man den ›Rabbiner‹ peinigt – solch einen Befehl hatten die deutschen Mörder den Juden gegeben. Danach erschossen die Deutschen den Rebben, möge der Ewige sein Blut rächen. Auf diese Weise ist der Rebbe und Heilige, Reb Jitzchak Twersky, zur Heiligung des Namens umgekommen in einem Dorf in Transnistrien.

Ein Jude, der wie durch ein Wunder am Leben blieb, überlieferte später, dass der Rebbe die Juden kurz vor seinem Tod gebeten habe, falls jemand von ihnen überleben sollte, möge er seine Kinder wissen lassen, falls auch von ihnen jemand überleben würde, dass sie für ihn *Kaddisch* sprechen möchten. Die Kinder, die überlebten, halten die Jahrzeit ihres Vaters, des Osarenizer Rebben, des Heiligen Reb Jitzchak Twersky, heilig, möge der Ewige sein Blut rächen.

Des Osarenizer Rebbens Frau und ihre zwei Kinder starben vor Hunger und wegen Flecktyphus in Transnistrien.« (Menasche Unger, Sefer Kedoschim, New York 1967: 7–8)

10. Israel und das Judentum der Gegenwart (seit 1948)

Als es den alliierten Truppen im Mai 1945 gelungen war, Deutschland in die Knie zu zwingen, kam diese Rettung für Millionen von Menschen, darunter mindestens sechs Millionen europäische Juden, zu spät. Insbesondere die große jüdische Gemeinschaft Osteuropas war unwiederbringlich zerstört. Bedeutende Zentren des europäischen Judentums wie Saloniki, Warschau, Wien, Berlin hatten als solche zu existieren aufgehört. In vielen Regionen Europas irrten Überlebende herum, schwer traumatisiert und in mehr als nur einer Hinsicht »displaced persons«. Dass es vor diesem Hintergrund überhaupt zu einer Renaissance jüdischen Lebens in der Welt kommen konnte, ist den neuen Zentren zu danken, deren Wurzeln zum Teil lange vor der Schoa gelegt worden sind: dem modernen Staat Israel und dem Judentum in der Neuen Welt.

10.1. Zur Geschichte des Judentums in Amerika und Israel

Wann genau die ersten Juden in der Neuen Welt anlangten, ist unbekannt. Die ersten Einwanderer mit jüdischem Hintergrund waren *conversos*, die bereits mit Hernán Cortez 1519 den Boden Amerikas betraten. Die Inquisition hatte sie zum Verlassen Europas getrieben. Die jüdische Besiedlung Nordamerikas hingegen begann erst im Jahre 1654, als 23 holländische Sefarden, vor den

Portugiesen aus Recife (Brasilien) geflüchtet, in das damals holländische Nieuw Amsterdam, das spätere New York, gelangten. Sie waren dort nicht wohlgelitten; die meisten von ihnen kehrten der Stadt alsbald den Rücken. Erfolgreicher verlief der zweite Versuch, diesmal getragen von aschkenasischen Emigranten, deren Vorläufer Ende des 17. Jahrhunderts die jüdische Gemeinde New Yorks neu gründeten. Sie kamen, weil sie sich ein besseres Leben aufbauen wollten, nicht weil man ihnen, wie zuvor den Sefarden, mit Inquisition gedroht hatte. Viele der jüdischen Einwanderer des 17. und 18. Jahrhunderts verhielten sich ihrer angestammten Religion gegenüber indifferent, gingen Mischehen ein oder konvertierten. Anders als in Europa brauchte man sich in Amerika nicht zu rechtfertigen, wenn man sich nicht allen Geboten verpflichtet fühlte oder säkular lebte. Was jüdisch war, definierte jede/r selbst. Dies verdankte sich einerseits dem 1789 verabschiedeten Ersten Zusatz zur Verfassung der Vereinigten Staaten, der eine Trennung von Kirche und Staat vorsah, zum anderen der multiethnischen Emigrantengesellschaft, die für eine gezielte Verfolgung einzelner Minderheiten noch zu ungefestigt war.

Die Möglichkeit, in Amerika als freier Mensch leben zu können, zog in der Restaurationszeit nach 1815 vor allem deutsche Juden nach Amerika. Zwischen 1820, als in den Vereinigten Staaten weniger als zehntausend Juden lebten, und 1860 wanderten 100.000 Juden ein. Etwa die Hälfte von ihnen kam aus ländlichen Gebieten Bayerns, wo sie, zum Beispiel als jüngere Söhne von Viehhändlern, kein Auskommen fanden. Sie ließen sich vor allem in den Städten nieder und nutzten ihre in Europa erworbenen Fähigkeiten, den Handel zwischen Stadt und Land zu organisieren. Vordringliches Ziel der deutschen Juden Amerikas war es, sich zu integrieren und Erfolg zu haben. Wichtiger als der Streit um den richtigen Weg religiösen Lebens, wie er in Europa zwischen Liberalen, Konservativen und Orthodoxen tobte, war ihnen politischer und sozialer Einsatz für die verfolgten Juden in der ganzen Welt.

Das Profil der amerikanischen Juden wandelte sich erheblich, als nach den Progromen in Russland von 1881/82 eine Masseneinwanderung osteuropäischer Juden einsetzte. Sie umfasste die gewaltige Zahl von zwei Millionen Menschen, was etwa fünfzehn Prozent der europäischen Juden überhaupt entspricht. Wie ihre deutschen Vorläufer waren sie bettelarm, anders als diese fanden sie als Fabrikarbeiter ihr Auskommen, oft als billige Arbeitskräfte ihrer »deutschen« Glaubensgenossen. Wie in Westeuropa, so gab es auch in Amerika schwere Spannungen zwischen den »Alteingesessenen« und den osteuropäischen Neulingen, für die man sich genierte. Anders als die deutschen, versuchten nämlich die russischen Juden durchaus nicht, sich in der protestantischen Mehrheitsgesellschaft unsichtbar zu machen. Sie brachten die sozialen und ideologischen Konflikte ihrer Heimat mit. Sie sprachen untereinander jiddisch, hassten das Land ihrer Herkunft inbrünstig und sorgten sich um die dort zurück gelassenen Verwandten. In den sozialen Verteilungskämpfen standen die deutschen und die russischen Juden auf unterschiedlichen Seiten der Barrikade. Auf die zum Teil robust geführten Auseinandersetzungen der osteuropäischen Emigranten um Sozialismus, Zionismus oder den Stellenwert der Religion blickten die deutschen Juden mit Unverständnis. Sie zogen es vor, sich als Amerikaner jüdischen Glaubens zu definieren, und hielten Distanz zu den Bewohnern der Einwandererghettos, die sich scheinbar nicht von der Mentalität ihrer osteuropäischen Heimat verabschieden mochten, wo sie als Volk Israel in der Diaspora in einer von der christlichen Mehrheit abgeschotteten Welt gelebt hatten. Die Emigranten aus Russland lebten nur für ihre Kinder. Sie sollten eine gute Ausbildung erhalten und jenen gesellschaftlichen Auf-

Jüdische Einwanderung aus Osteuropa

stieg schaffen, den die Eltern für sich selbst nicht mehr erwarteten. Und so geschah es auch.

»Deutsche« und »russische« Juden Amerikas

Die gravierenden Umbrüche im Gefolge des Ersten Weltkrieges und der wachsende Antisemitismus in den zwanziger und dreißiger Jahren verdeutlichten die Dringlichkeit einer Zusammenarbeit von »deutschen« und »russischen« Juden. Sie standen vor der Aufgabe, sich gegen soziale Ausgrenzung zur Wehr zu setzen, gegen Einwandererquoten zu kämpfen und ihre Solidaritätsaktionen für die Juden Osteuropas und Palästinas zu koordinieren. Die Vereinigung ihrer Hilfsorganisationen zum *Joint Distribution Committee of American Funds for the Relief of Jewish War Sufferers* im Oktober 1914 signalisierte erste Ansätze gemeinsamen Handelns, bei denen die osteuropäischen Juden gleichberechtigt beteiligt waren. Die Grabenkämpfe um die Unterstützung des Sozialismus und den Zionismus flauten ab. Der Kommunismus diskreditierte sich durch Stalin selbst. Den Zionismus definierte man schließlich auf amerikanische Weise dahingehend, dass man zwar Geld sammelte, aber nicht selbst nach Palästina auswanderte. Die Positionen der »deutschen« näherten sich denen der »russischen« Juden an.

Die amerikanischen Juden nach 1933

Der Kampf gegen berufliche und soziale Ausgrenzung und die oft ebenso antisemitisch begründeten Einwanderungsquoten verschärfte sich noch, als nach Hitlers Wahl zum Reichskanzler eine neue Emigrationswelle nach Amerika rollte. Mehr als 200.000 Juden wanderten zwischen 1933 und 1940 in die USA ein. Im Unterschied zu früheren Einwanderern entstammten sie vor allem der Mittelschicht, viele von ihnen waren Intellektuelle, namhafte Wissenschaftler und Künstler. Sie verhalfen der jüdischen Kultur Amerikas zwar zu Anerkennung, dem wachsenden Antisemitismus innerhalb der USA konnten auch sie nichts entgegensetzen. Der von einer überwältigenden Mehrheit der amerikanischen Juden gewählte, unterstützte und geliebte Präsident Franklin Delano

Roosevelt (1882–1945) agierte enttäuschend unentschlossen, wenn es um die Rettung der europäischen Juden ging. Die Einwanderungsgesetze wurden auch nach den Pogromen des Jahres 1938 nicht gelockert. Den Nachrichten vom systematischen Massenmord, die ab 1942 die USA erreichten, schenkte die Regierung keinen Glauben. Sie zog es vor, sich auf das Kriegsgeschehen zu konzentrieren und rechtfertigte damit ihre sonstige Untätigkeit.

Nach dem Zweiten Weltkrieg stand die jüdische Gemeinschaft in den USA und weltweit unter Schock. Angesichts der Bilder aus den Vernichtungslagern konnte die Frage, ob man anders oder intensiver hätte helfen können oder sollen, nicht diskutiert werden. Auch die Überlebenden der Schoa, die ihren Weg nach Amerika fanden, vermochten in der überwiegenden Mehrheit nicht, über ihre Erfahrungen zu sprechen. Den meisten, neuen wie alten Einwanderern war es darum zu tun, sich in der amerikanischen Gesellschaft unsichtbar zu machen und von ihr (endlich) akzeptiert zu werden. Die nach dem Kriegseintritt der USA propagierte nationale Gemeinschaft aller Minderheiten, der irischen und italienischen Katholiken, der Farbigen und der Juden, erwies sich jedoch in Friedenszeiten als nicht tragfähig. Der Kalte Krieg ließ es zudem als geraten erscheinen, sich nicht als links, osteuropäisch oder allzu sozial engagiert zu gerieren. Einen Wendepunkt in der Strategie, nicht auffallen zu wollen bildete die Gründung des Staates Israel im Jahre 1948 und – noch einmal verstärkt – dessen Sieg im Sechs-Tage-Krieg 1967.

Nach der Schoa

Auch die 1948 endlich vollzogene Gründung des modernen Staates Israel besiegelte eine komplexe Einwanderungsgeschichte. Kleine Gruppen vor allem orthodoxer Juden hatte es im Heiligen Land nahezu in allen Epochen gegeben. Sie lebten mehr schlecht als recht in Jerusalem und Obergaliläa und waren auf Spenden ihrer

Die ersten Alijot

Glaubensgeschwister angewiesen. Zu einer ersten großen Immigrationswelle kam es erst gegen Ende des 19. Jahrhunderts, als junge, vor allem russische Juden angesichts der Pogrome von 1881/82 beschlossen, die zionistischen Konzepte in die Praxis umzusetzen. Diese erste Einwanderung (hebr. *Alija*, Aufstieg) ereignete sich zwischen 1882–1903 und führte etwa 20–30.000 Menschen ins Land. Sie waren überwiegend schlecht auf die Konflikte und klimatischen Widrigkeiten des osmanischen Palästina vorbereitet und mussten teuer dafür bezahlen. Die Zweite Alija (1904–1914), etwa 35.000 Juden wiederum aus Osteuropa umfassend, war besser organisiert und legte mit den Vorläufern der →*Kibbuzim* und der Schaffung von Organisationen zur Selbsthilfe den Grundstein für spätere staatliche und wirtschaftliche Strukturen. Sie verstanden sich als Pioniere und Wegbereiter einer jüdischen Heimstatt. Nach dem Ersten Weltkrieg, nun unter britischem Mandat, setzte sich die Emigration nach Palästina mit der dritten (1919–1923; 35.000 Menschen) und vierten Alija (1924–1928; 70.–80.000 Einwanderer) fort. Letztere war erstmals stärker urban und bürgerlich geprägt; gründete und besiedelte Städte und baute Fabriken. Die Balfour-Erklärung von 1917 sicherte dem Präsidenten der englischen zionistischen Fraktion, Baron de Rothschild, die Unterstützung des britischen Empire bei der Errichtung einer jüdischen nationalen Heimstatt zu. Sie wurde Bestandteil des Friedensvertrages der Siegermächte mit dem Osmanischen Reich und seinem Rechtsnachfolger, der Türkei. Diese Deklaration, verbunden mit der deutlich zunehmenden Anzahl jüdischer Siedler in Palästina, führte zu wachsenden Konflikten mit der arabischen Bevölkerung des Landes, die sich in gewalttätigen Unruhen entlud.

Nach 1933 Die fünfte Alija (1929–1939) stand bereits unter dem düsteren Vorzeichen des Nationalsozialismus. Nun kamen erstmals auch in größerem Umfang Juden aus Deutschland, insgesamt mehr als 250.000 Einwanderer. Damit wandelte sich das Antlitz des *Jischuv* (hebr. Ansiedlung) und seiner Organisationen. Die Zunahme an jüdischen Flüchtlingen aus Europa und die wachsenden Spannungen mit der arabischen Bevölkerung veranlassten die Briten, die Emigration nach Palästina massiv einzuschränken. Für die Jahre 1940 bis 1945 planten sie lediglich 75.000 jüdische Einwanderer, was angesichts der sich anbahnenden Katastrophe in Europa für viele Juden einem Todesurteil gleichkam. Jüdische Organisationen in Palästina leisteten Widerstand gegen die britische Mandatsmacht und bemühten sich um Hilfe für »illegale« Einwanderer. Nach dem Ende des Zweiten Weltkrieges und der Schoa spitzte sich die Situation weiter zu, da Zehntausende von Überlebenden, auf eine neue Heimat in Palästina hoffend, von britischen Kriegsschiffen am Betreten Palästinas gehindert wurden. Sowohl jüdische als auch arabische Nationalisten fühlten sich von der britischen Mandatsmacht um ihre Ansprüche auf das Land betrogen und attackierten englische Insitutionen. In dieser aussichtslosen Lage wandte sich Großbritannien 1947 an die Vereinten Nationen und bat um Vermittlung. So entstand der UN-Teilungsplan, der sowohl einen jüdischen als auch einen arabischen Staat auf dem Territorium Palästinas vorsah und Jerusalem zu neutralem Gebiet erklärte.

Mit der Verabschiedung des Teilungsplanes am 29.11.1947 begann der Krieg zwischen arabischen und jüdischen militärischen Einheiten, der am 14.5.1948 im vorzeitigen Rückzug der Briten aus ihrem Mandatsgebiet einen ersten Höhepunkt erreichte. Der Vorsitzende der *Jewish Agency*, David Ben Gurion (1886–1973), nutzte die Gunst der Stunde und deklarierte die Unabhängigkeit des Staates Israel. Sowohl die USA als auch die Sowjetunion erkannten die Unabhängigkeitserklärung an. Nicht so die arabischen Staaten. Anstatt dem Teilungsplan zuzu-

Die Gründung des Staates Israel

David ben Gurion

stimmen und ihrerseits einen arabisch-palästinensischen Staat zu gründen, fielen die Armeen Syriens, Ägyptens, Transjordaniens, des Irak und des Libanon im ehemaligen Mandatsgebiet ein. Der Unabhängigkeitskrieg, der im Januar 1949 mit einer Niederlage der arabischen Staaten endete, führte bei beiden Kriegsparteien zu schwerwiegenden Traumata: Für Israel ging es nach der Schoa schon wieder um das nackte Überleben. Ohne ein gefestigtes Staatswesen und eine reguläre Armee gelang es nur dank internationaler Militärhilfe, die Siedlungen zu verteidigen. Für die Palästinenser wurde der verlorene Unabhängigkeitskrieg zur ersten nationalen Katastrophe. Etwa 750.000 arabische Bewohner Palästinas flohen in die Nachbarländer oder wurden aus ihren angestammten Orten vertrieben. Seit 1949 folgten mit dem Sinaifeldzug (1956), dem Sechs-Tage-Krieg (1967) und dem Jom-Kippur-Krieg (1973) weitere schwere militärische Niederlagen der arabischen Staaten. Eine friedliche Lösung des Konfliktes wird seit den achtziger Jahren des 20. Jahrhunderts immer wieder angestrebt, scheiterte bisher jedoch an den Hardlinern beider Seiten ebenso wie an den gravierenden Sachfragen, die eine Koexistenz zweier Völker auf dem kleinen Territorium mit sich bringt.

Israel und die USA als Zentren des modernen Judentums

Trotz der vielfältigen Hindernisse, die sowohl der Staat Israel als auch die Juden in den Vereinigten Staaten zu meistern hatten, ist es beiden gelungen, zu großen und stabilen jüdischen Gemeinschaften heranzuwachsen. Sie sind es, die das Bild des gegenwärtigen Judentums prägen. Als eine herausragende Leistung, die insbesondere Israel unter den denkbar schwierigen Bedingungen des Aufbaus eines modernen Staatswesens bei gleichzeitiger äußerer Bedrohung vollbrachte, muss die Integration von Millionen jüdischer Einwanderer gelten, die seit 1948 ins Land kamen. Dies beeindruckt um so mehr, als die Immigranten sehr unterschiedliche kulturelle Prägungen aufweisen. Unter ihnen waren unmittelbar nach der Staatsgründung Überlebende der Schoa, Juden aus arabischen Ländern und der Türkei, Falaschas aus Äthiopien und, vor allem seit den siebziger Jahren, Juden aus der Sowjetunion und deren Nachfolgestaaten. Zweifellos sind längst nicht alle Probleme, die sich aus einer solchen Masseneinwanderung ergeben mussten, zur Zufriedenheit der Immigranten gelöst. Insbesondere die arabisch sprechenden Sefarden wurden und werden sozial benachteiligt, manche der oft beruflich hoch qualifizierten, aber dem Judentum entfremdeten russischen Juden hatten und haben um ihren Platz in der israelischen Gesellschaft zu kämpfen. Dennoch ist dem jüdischen Staat eine beispiellose Integrationsleistung gelungen, der zufolge der Anteil Israels an der jüdischen Weltbevölkerung von sechs (1948) bis auf 38 Prozent (2001) angewachsen ist. Durch die Gründung des Staates Israel hat sich, wie tief die äußeren und inneren Konflikte um dieses Stück Land auch sein mögen, die politische und kulturelle Situation des jüdischen Volkes zum Besseren gewendet.

10.2. Profile des Judentums der Gegenwart

Die weitgehende Zerstörung der jüdischen Zentren in Europa durch die Schoa bedeutete nicht das Ende der europäisch-jüdischen Kultur. Die Emigranten nach Amerika oder Israel nahmen ihre Lebensart, Sprache und Bräuche mit, bewahrten und modifizierten sie in den neuen Heimatländern. Die Vielfalt der modernen israelischen und der amerikanisch-jüdischen Gesellschaft spiegelt diesen Transfer. Da gibt es ultraorthodoxe Familien, deren Vorfahren aus Osteuropa gekommen waren und die sich weigern, etwas anderes als schwarze Kaftane zu tragen und die darauf bestehen, miteinander jiddisch zu sprechen. Da gibt es noch immer die *Jeckes*, Einwanderer aus Deutschland, immer korrekt gekleidet – eben im Jacket, auch bei tropischen Temperaturen – überpünktlich, pedantisch und stolz auf ihre deutsche Sprache. Die säkularen polnischen und russischen Juden, von denen viele lange Zeit umtriebig ihren sozialistischen Idealen anhingen und welche die deutschen heftig verabscheuten. Alle diese Gruppen transferierten auch die großen religiösen Strömungen des europäischen Judentums in ihre neuen Heimatländer, wo sie sich an die dort herrschenden Bedingungen anpassten.

Perspektiven des modernen Judentums:
Von Ultra-Orthodox bis Säkular

Sowohl in den USA als auch in Israel lassen sich, wenn auch in verschiedenen Anteilen, (ultra)orthodoxe, progressive (konservative und liberale) und säkulare jüdische Gemeinschaften unterscheiden. Im modernen Israel stehen vor allem Orthodoxe und Säkulare einander gegenüber, progressive Juden finden sich demgegenüber eher in der Minderheit. In den USA dürfte das Spektrum insgesamt etwas ausgeglichener sein. Nach wie vor gliedert sich das (ultra)orthodoxe Judentum in chassidische und nicht-chassidische Strömungen. Das orthodoxe Judentum nicht-chassidischer Prägung weist zwei große Formen auf: Die Sefarden nordafrikanischer, arabischer und jemenitischer Herkunft pflegen eine orthodoxe Prägung des Judentums, die überwiegend politisch gemäßigt rechts orientiert ist. Im Zentrum ihres Lebens steht die möglichst getreue Befolgung der Tora und eine sorgfältige religiöse Bildung. Im Allgemeinen ist die Ablehnung von halachischen Neuerungen groß und das Interesse an gesellschaftlichen und religiösen Kooperationen eher gering. Die aschkenasische Orthodoxie umfasst das traditionelle Judentum litauischer Prägung, die sich auf den Gaon von Wilna bezieht, die auf Samson Raphael Hirsch zurückgehende Neo-Orthodoxie (*Adass Jssroel*) sowie die *Union of Orthodox Jewish Congregations* in den Vereinigten Staaten. Sie versuchen durch eine Verbindung sorgfältiger jüdischer Ausbildung und moderner Wissenschaft (»Tora and Science«) der Erosion der Halacha entgegen zu wirken.

Spektrum des gegenwärtigen religiösen Judentums

Progressives Judentum			Orthodoxes Judentum		Ultra-Orthodoxes Judentum	
Rekonstruktionismus	Liberales / Reformjudentum	Konservatives Judentum	Modern Orthodoxy/ Neo-Orthodoxie		Chassidismus	Nicht-Chassid. (Charedim)
USA, Zentralamerika, Israel	USA, Großbritannien, Australien, Europa, Südafrika	USA und Israel (Masorti-Bewegung)	USA: Modern Orthodoxy; Israel; litauisch geprägtes Judentum; Sefardische Juden		USA, Israel; England	USA, Israel
1922, USA M. Kaplan	18./19. Jh., Deutschland A. Geiger	19. Jh. Deutschland Z. Frankel, S. Schechter	Neo-Orthodoxie: 19. Jh. Deutschland S. R. Hirsch		18. Jh. Osteuropa Ba'al Schem Tov	19. Jh. Polen, Litauen Wilnaer Gaon 20. Jh. Israel
Judentum als religiöse Kultur		Traditionelle Halacha und Moderne	Tora verbunden mit dem Brauch des Landes		*Zaddik* als Gemeindeleiter und Mittler	Moderne muss sich der *Halacha* anpassen
World Union for Progressive Judaism		World Council of Synagogues	*Misrachi/ Mafdal*; *Adass Jisroel*; Einheitsgemeinden im Zentralrat der Juden in Deutschland		Chaba"d-Lubawitsch Satmar, Brazlaw, Boyan, Skwer u.v.a.	*Agudat Jisrael, Gusch Emunim, Scha"ss, Neture Karta*

Das ultra-orthodoxe Lager

Die Ultraorthodoxen chassidischer und nicht-chassidischer Prägung haben sich in den letzten Jahrzehnten erheblich politisiert und entwickeln sich aufgrund ihrer äußerst hohen Geburtenrate zu einem immer bedeutenderen Faktor innerhalb Israels und der Jewish community in den USA. Manche unter ihnen (zum Beispiel die Chassidim des Rebben von Satmar oder die nicht-chassidischen →*Neturé Karta* in Israel) lehnen den säkularen Staat Israel radikal ab. Manche, zum Beispiel die größte chassidische Strömung, *Chaba"d-Lubawitsch* oder die nicht-chassidische *Scha"ss*-Partei, tun dies nicht, sondern unterstützen eine rechte Siedlungspolitik. Die meisten ultraorthodoxen Gemeinschaften leben in abgeschlossenen Wohnbezirken oder Orten und sind an Kontakten mit anderen wenig, an einer Kooperation mit orthodoxen, konservativen oder gar säkularen Juden überhaupt nicht interessiert. Eine Ausnahme bilden die Chaba"d-Lubawitscher, die sich seit der Amtszeit ihres siebenten Rebben, Menachem Mendel Schneerson (1902–1994), sehr intensiv um eine weltweite innerjüdische Mission bemühen, um säkulare Juden zur *Jiddischkejt* zurückzuführen.

Progressive Juden

Das progressive Lager ist weithin aschkenasisch dominiert und vor allem in den USA, aber auch in Europa zu Hause. Man kann es in das konservative, das liberale oder Reformjudentum und die vor allem in den USA angesiedelten Rekonstruktionisten unterteilen. Letztere, 1922 in New York gegründet, gehen auf Rabbiner Mordecai Kaplan (1881–1983) zurück. Kaplan ging es um eine Erneuerung des Judentums, in dessen Zentrum nicht die Halacha, sondern das jüdische Volk stehen sollte. Das Judentum sollte sich als eine »religiöse Zivilisation« verstehen, deren wichtigste Aufgabe das kreative Überleben des eigenen Volkes darstellt. Die Gebote sollten als Bräuche bewahrt, die Synagogen als jüdische Kulturzentren im umfassenden Sinne umgestaltet werden.

In vielen praktischen Fragen ähneln sich Liberale und Rekonstruktionisten; was sie fundamental unterscheidet, ist ihre theologische Grundauffassung. Dies hindert beide Strömungen jedoch nicht daran, in der »World Union for Progressive Judaism« zusammen zu wirken.

Die Begründer der konservativen Strömung in Amerika waren Menschen, die das Reformjudentum ablehnten, aber die Notwendigkeit sahen, an der modernen Gesellschaft wo immer möglich teilzuhaben. Die Tradition sollte bewahrt, eine Ablehnung der Moderne aber vermieden werden. Zum geistigen Zentrum der amerikanischen Konservativen entwickelte sich das 1887 gegründete »Jewish Theological Seminary« in New York, das bis heute eine führende Stätte jüdischer Gelehrsamkeit darstellt. Insbesondere nach dem Zweiten Weltkrieg erlebte das konservative Judentum einen beachtlichen Aufschwung, weil es pragmatische und nachdrückliche Antworten auf die Suche nach einer jüdischen Identität zu geben imstande war. Auch das gegenwärtige konservative Judentum ist eine pluralistische Strömung, die sich zum Beispiel in der Frage der Ordination von Frauen zu Rabbinerinnen uneins ist. Wie alle vermittelnden Positionen unterliegt sie (vor allem gegenwärtig) der Gefahr, in den sich polarisierenden Auseinandersetzungen zwischen Orthodoxen und Liberalen zerrieben zu werden.

Das konservative Judentum

Im Spektrum der vielen jüdischen Strömungen bilden theologische Überzeugungen und kulturelle Herkunft den Katalysator für eine immer neu aufbrechende religiöse Vielfalt. Insbesondere das aschkenasische Judentum mit seiner hohen Diversität dominiert die säkularen und progressiven Richtungen, aber auch einige der ultraorthodoxen Spielarten des Judentums (Chassidismus); während das sefardische Judentum eher in konservativ-orthodoxen Mileus zu Hause ist. Nur zögernd, und dies vor allem in Israel, verschmelzen die beiden großen kulturellen Prägungen, das aschkenasische und das sefardisch-orientalische Judentum miteinander – und dies ist eigentlich nach Jahrhunderten räumlicher Trennung und nur Jahrzehnten des intensiven Miteinanders nicht besonders erstaunlich.

Reprise: Wer ist Jude? Was ist Judentum?

Vor dem Hintergrund dieser bunten Vielfalt jüdischen Lebens von der Antike bis zur Gegenwart stellen wir unsere Ausgangsfrage erneut: Wer ist Jude? Es ist eben diese Anfrage, die David Ben Gurion im Jahre 1949 an vierzig jüdische Gelehrte richtete. Dabei ging es unter anderem darum, das Recht eines jeden Juden auf Einwanderung nach Israel (Law of Return, 1950) vorzubereiten: Nach welchen Kriterien sollte entschieden werden, wer einwandern durfte? Die Antworten der vierzig Gelehrten sind vermutlich ziemlich unterschiedlich ausgefallen; zumindest resümierte der erste Ministerpäsident Israels seine eigene Position in etwa mit »Jude ist, wer sich selbst als solcher versteht«.

Die halachische Position ist theoretisch seit der Festlegung auf die matrilineare Abstammung seitens der Mischna (Bikk I, 4–5) klar: Jude ist, wer eine jüdische Mutter hat oder als Erwachsener zum Judentum konvertiert ist. Die praktische Umsetzung dieser Halacha ist aber, bedingt durch die Vielfalt jüdischen Lebens, kompliziert: Wer hat das Recht, eine Konversion festzustellen? Ist ein Jude, der sich nicht an die Tora hält, jüdisch zu nennen? Identifiziert man sich mit den Helden der Bibel als historischen Vorläufern des eigenen Volkes oder als religiösen Urtypen des jüdischen Glaubens? Orientiert man sich an den tapferen Kämpfern für nationale Unabhängigkeit wie den Makkabäern oder lieber an den von ihren Studien absorbierten rabbinischen Gelehrten? Lebt man biblische Halacha oder legt man den Schulchan Arukh seinem Streben nach persönlicher Reinheit zugrunde? Sucht man Gott in philosophischer Abstraktion oder in kabbalistischer Meditation zu ergründen? Oder hält man ihn nach der Schoa gar für irrelevant? Definiert man sich als liberal, konservativ, orthodox oder säkular? Ist die Tradition der eigenen sefardischen, aschkenasischen, amerikanischen, persischen Familie entscheidend oder die des argentinischen oder jemenitischen Ehepartners? Sollte man der Einladung der Chaba"d-Lubawitscher in die Orthodoxie folgen oder lieber nicht? Ist der chassidische Rebbe, dessen Dynastie die Familie seit Generationen anhängt, ein Heiliger oder ein Verrückter?

Es sieht so aus, als müssten jeder Jude und jede Jüdin die Frage seiner/ihrer Identität für sich selbst beantworten – und: als müssten Juden und Jüdinnen ebenso wie alle anderen lernen, die Vielfalt möglicher Antworten zu akzeptieren. Sicher scheint nur: Wer nie mit einer dieser Fragen gerungen hat, ist gewiss *kein* Jude.

Zeittafel

Alt-Israel (ca. 1300–440 v.d.Z.)	Weltgeschichte	Neues Reich (Ägypten) Seevölkersturm (um 1200 v.d.Z.) Assyrer, Babylonier
	Geschichte Israels	Besiedlung Kana'ans, Exodus? Königreich Israel (ca. 1000–722 v.d.Z.) Königreich Juda (ca. 1000–586 v.d.Z.) Babylonisches Exil (586–538 v.d.Z.)
	Protagonisten	Mose? Dynastie Omri, Jehu u.a., Dynastie Davids
	Religionsgeschichte	Exodus als Grunddatum Propheten (Hosea, Amos) Tempel, priesterliche Theologie, Propheten (Jesaja, Jeremia), Dtn Reform (7. Jh. v.d.Z.)
Zweiter Tempel (ca. 420 v.d.Z. bis 70 n.d.Z.)	Weltgeschichte	Perser (Kyros II. 559–530 v.d.Z.) Alexander der Gr. (333 v.d.Z.)* und Diadochen (323–164 v.d.Z.)* Römerherrschaft (ab 63 v.d.Z.) (*Herrscher über Palästina/Israel)
	Geschichte Israels	Rückkehr nach Israel, Bau des Zweiten Tempels (ab 540 v.d.Z.) Hasmonäer (164–63 v.d.Z.) Großer jüdischer Aufstand (66–70 n.d.Z.) Zerstörung des Zweiten Tempels durch Titus (70)
	Protagonisten	Esra und Nehemia, Haggai, Sacharja, Judas Makkabäus, Jesus von Nazareth, Flavius Josephus
	Religionsgeschichte	Redigierung der Tora Späte Propheten, Apokalyptik Entstehung jüdischer Gruppen (Pharisäer, Sadduzäer, Qumran) Philo v. Alexandrien Jesusbewegung Aufstandsbewegungen (Zeloten, Sikarier)

Zeittafel

Rabbinische Zeit (bis 7. Jh.)	Weltgeschichte	Römische Spätantike Christianisierung Roms Partherreich Islamische Eroberung
	Geschichte Israels	Bar-Kochba-Aufstand (132–135) Beginn der Rejudaisierung; antijüdische Dekrete Justinians (537)
	Protagonisten	Simon bar Kochba, Rabbi Akiba
	Religionsgeschichte	Mischna (Ende 2. Jh.); Entstehung der rabbinischen Bewegung Talmudim; Entstehung der Karäer (8. Jh.)
Jüdisches Mittelalter (7.–16. Jh.)	Weltgeschichte	Arabisches Kalifat, Mauren Corpus Christianum in Europa
	Geschichte Israels	Blütezeit des sefardischen Judentums bis 1492 Vertreibung Kreuzzüge (1096 ff.) Vertreibung nach Osteuropa
	Protagonisten	Maimonides, Nachmanides, Raschi
	Religionsgeschichte	Grammatiken, Bibelkommentare, Religionsphilosophie; Kabbala Tossafot: Talmudkommentare, Bibelkommentare
Neuzeit (16.–19. Jh.)	Weltgeschichte	Osmanisches Reich Reformation Europäische Aufklärung Polnische Teilungen (1772, 1793, 1795)
	Geschichte Israels	Blütezeit im Osmanischen Reich, in Polen und Litauen, Chmielnicki-Massaker (1648/49) Messianische Strömungen (bis 1666) Chassidismus und Haskala Kampf um Emanzipation
	Protagonisten	Josef Caro, Jitzchak Luria, Schlomo Molcho, Schabtai Zvi, Ba'al Schem Tov, Moses Mendelssohn
	Religionsgeschichte	Große halachische Kompendien (Schulchan Arukh), Lurianische Kabbala Chassidismus und seine Gegner Haskala

Moderne (19.–21. Jh.)	Weltgeschichte	Emanzipationsedikte Pogrome (ab 1881/82), Massenemigration in die USA, moderner Antisemitismus 1. Weltkrieg und Balfour-Deklaration (1917) Schoa Gründung Israels (1948)
	Geschichte Israels	Suche nach einem Weg zwischen Akkulturation und Identität Säkulares Judentum (Zionismus, Sozialismus, Kulturzionismus) Einwanderung nach Israel Sechs Millionen Märtyrer Aufbau einer nationalen Heimstatt Kampf um Emanzipation
	Protagonisten	Abraham Geiger, Samson R. Hirsch, Theodor Herzl, David ben Gurion
	Religionsgeschichte	Reformjudentum, Neoorthodoxie, Rekonstruktionismus

Literatur

Übergreifend

Ben-Sasson, Haim Hillel (Hg.) (1995), *Geschichte des jüdischen Volkes. Von den Anfängen bis zur Gegenwart*, München.

Standardwerk; einzelne Epochen werden von jeweils führenden Wissenschaftlern vorgestellt.

Goodman, Martin (Hg.) (2002), *The Oxford Handbook of Jewish Studies*, Oxford.

Bietet eine Übersicht zu allen Feldern der Jüdischen Studien mit Einführung in den Forschungsstand und Empfehlungen zur vor allem englischsprachigen Fachliteratur.

Graetz, Heinrich (1908), *Geschichte der Juden*, 13 Bde., Leipzig.

Klassiker der älteren jüdischen Historiographie innerhalb der Wissenschaft des Judentums. Wegen seiner engagierten Darstellung noch immer interessant zu lesen; Grundansatz und Forschungsstand sind allerdings weithin überholt.

Grözinger, Karl Erich (2004 ff.), *Jüdisches Denken. Theologie. Philosophie. Mystik*, 3 Bde., Frankfurt/New York.

Systematische und sachkundige Einführung in das philosophische und das theologische Denken des Judentums, mit vielen ins Deutsche übersetzten Quellen.

Kotowski, Elke-Vera/Schoeps, Julius H./Wallenborn, Hiltrud (2001), *Handbuch zur Geschichte der Juden in Europa*, 2 Bde., Darmstadt.

Umfassende Darstellung der Geschichte der europäischen Juden nach Ländern und Regionen (Bd. 1) sowie Religion und Kultur (Bd. 2) gegliedert; in kurzen, instruktiven Beiträgen von Fachleuten der jeweiligen Forschungsgebiete.

Maier, Johann (1972), *Geschichte der Jüdischen Religion*, Berlin/New York.

Epochen übergreifende Darstellung der jüdischen Religionsgeschichte. Wegen der Kürze der Darbietung allerdings zur Einführung ungeeignet, als Nachschlagewerk sehr wertvoll.

Stemberger, Günter (2002), *Einführung in die Judaistik*, München.

Knappe und dennoch gut orientierende Übersicht zur wissenschaftlichen Disziplin und deren wichtigsten Forschungsfeldern.

Zu Kapitel 1: Einleitung

Cohen, Shaye J.D. (1999), *The Beginnings of Jewishness. Boundaries, Varieties, Uncertainties*, Berkeley, Los Angeles.

Höchst anregende Darstellung zur Entwicklung der jüdischen Identität in der Spätantike. Verhilft auch zum Verstehen entsprechender Debatten in der Gegenwart.

Neher, André (1995), *Jüdische Identität. Einführung in den Judaismus*, Hamburg.

Philosophisch orientierte Abhandlung über die Frage der jüdischen Identität in der Gegenwart; tiefgründige Überlegungen zu Werten und zum Profil des Judentums in Geschichte und Gegenwart.

Zu Kapitel 2: Vorgeschichte

Albertz, Rainer (1992), *Religionsgeschichte Israels in alttestamentlicher Zeit*, Grundrisse zum Alten Testament, Bd. 8, Göttingen.

Grundlegendes Werk, trotz seines großen Umfangs zur Einführung geeignet, in seinen Perspektiven sehr interessant zu lesen.

Donner, Herbert (1995), *Geschichte des Volkes Israel und seiner Nachbarn in Grundzügen*, 2 Bde., Göttingen.

Klassiker der christlichen Historiographie zur Geschichte des biblischen Israel.

Finkelstein, Israel/Silberman, Neil A. (2002), *Keine Posaunen vor Jericho. Die archäologische Wahrheit über die Bibel*, München.

Bietet eine skeptische Extremposition hinsichtlich der biblischen Historiographie. Sehr anregend, sollte aber mit konservativeren Werken parallel gelesen werden.

Schäfer, Peter (1983), *Geschichte der Juden in der Antike. Die Juden Palästinas von Alexander dem Großen bis zur arabischen Eroberung*, Stuttgart.

Sehr gut lesbare, auch zur Einführung geeignete Darstellung, die allerdings an einigen Punkten von neuerer Forschung überholt ist.

Schwartz, Seth (2001), *Imperialism and Jewish Society 200 B.C.E. to 640 C.E.*, Princeton, Oxford.

Das beste neue Werk zur antiken Geschichte des Judentums. Enthält eine Fülle neuer Perspektiven. [Lesempfehlung: erst P. Schäfer, dann S. Schwartz]

Zu Kapitel 3: Rabbinisches Judentum

Avi-Yonah, Michael (1962), *Geschichte der Juden im Zeitalter des Talmud*, Berlin.

Klassiker der traditionellen Darstellung; sollte daher mit neueren Werken (vgl. S. Schwartz 2001) parallel gelesen werden.

Grözinger, Karl Erich (2004 ff.), *Jüdisches Denken. Theologie. Philosophie. Mystik*, Bd. 1: *Vom Gott Abrahams zum Gott des Aristoteles*, Frankfurt/New York, S. 221–298.

Vgl. »Übergreifende Literatur«. Bietet auch eine Fülle interessanter Quellentexte.

Neusner, Jacob (1994), *Introduction to Rabbinic Literature*, New York.

Systematische Beschreibung des rabbinischen Judentums entlang seiner theologischen Grundlinien.

Stemberger, Günter (1979), *Das klassische Judentum. Kultur und Geschichte der rabbinischen Zeit*, München.

Klassiker. Sollte aber mit neuen englischsprachigen Werken parallel gelesen werden.

Stemberger, Günter (1992), *Einleitung in Talmud und Midrasch*, München.

Standardwerk zur rabbinischen Literatur, vor allem als Nachschlagewerk unschätzbar hilfreich.

Zu Kapitel 4: Juden unter islamischer Herrschaft

Baer, Yitzhak (1966), *A History of the Jews in Christian Spain*, 2 vols, Philadelphia (dt.: Die Juden im christlichen Spanien, 2 Bde., Berlin 1929, 1936).

Klassiker, immer noch lesenswert.

Cohen, Mark R. (2005), *Unter Kreuz und Halbmond. Die Juden im Mittelalter*, München.

Sehr empfehlenswerte vergleichende Studie zu jüdischen Gemeinschaften unter christlicher und islamischer Ägide; auch zur Einführung geeignet.

Hallamish, Moshe (1999), *An Introduction to Kabbalah*, Albany.

Die vielleicht beste Einführung in eine schwierige Materie; flüssig geschriebene Darstellung wichtiger Konzepte der klassischen Mystik.

Lewis, Bernard (2004), *Die Juden in der islamischen Welt. Vom frühen Mittelalter bis ins 20. Jahrhundert*, München.

Umfassende Einführung, sehr gelungen, sieht man von einigen zu holzschnittartigen Charakterisierungen in der Gegenwartsgeschichte ab.

Neusner, Jacob (1999 [1965ff.]), *A History of the Jews in Babylonia*, 5 Bde., Leiden.

Der Klassiker unter den historischen Darstellungen der babylonisch-jüdischen Diaspora.

Scholem, Gershom (1980 [1957]), *Die jüdische Mystik in ihren Hauptströmungen*, Frankfurt/M.

Klassiker, im Unterschied zu Hallamish eher entwicklungsgeschichtlich orientiert.

Simon, Marie und Heinrich (1995), *Geschichte der jüdischen Philosophie*, München.

Sehr lesbare Einführung, auch zur Erstinformation geeignet.

Zu Kapitel 5: Juden unter christlicher Herrschaft

Battenberg, Friedrich (1990), *Das europäische Zeitalter der Juden. Zur Entwicklung einer Minderheit in der nichtjüdischen Umwelt Europas*, Darmstadt.

Flüssig geschriebene Überblicksdarstellung, bei der allerdings die Religionsgeschichte eher in den Hintergrund tritt.

Böckler, Annette (2002), *Jüdischer Gottesdienst. Wesen und Struktur*, Berlin.

Bewundernswert luzide, kurze Darstellung einer sehr komplizierten Materie, vielleicht das beste Werk zur Erstinfomation.

Breuer, Mordechai (2000), »Das jüdische Mittelalter«, in: ders./Graetz, Michael (Hg.), *Deutsch-jüdische Geschichte der Neuzeit*, Bd. 1, S. 19–82.

Auf dem Wege zum Klassiker. Das insgesamt vierbändige Werk hat Experten ihres Fachs versammelt und bietet einen umfassenden Einblick in die Neuzeit mit Fokus auf das deutsche Judentum.

Grözinger, Karl Erich (Hg.) (1991), *Judentum im deutschen Sprachraum*, Frankfurt/M.

Instruktiver Sammelband, der viele Facettten des spirituellen Lebens des deutschen Judentums darstellt.

Zu Kapitel 6: Neuanfänge des sefardischen Judentums

Benbassa, Esther/Rodrigue, Aron (1995), *The Jews of the Balkans: The Judeo-Spanish Community. 15th–20th Centuries*, Oxford.

Detailliert und materialreich.

Fine, Lawrence (1984), *Safed Spirituality: Rules of Mystical Piety. The Beginning of Wisdom*, Mahwah.

Übersetzung wichtiger Quellen zur Safeder Frömmigkeit.

Schechter, Solomon (1958 [1908]), »Safed in the Sixteenth Century«, in: *Studies in Judaism. A Selection*, New York, S. 231–297.

Sehr lesenswerte, essayistische Darstellung eines großen Gelehrten.

Scholem, Gershon (1992), *Sabbatai Zwi. Der mystische Messias*, Frankfurt/M.

Nach wie vor die klassische Darstellung von Person und Werk Sabbatais und der von ihm ausgelösten messianischen Bewegung.

Zu Kapitel 7: Neuansätze des aschkenasischen Judentums

Breuer, Mordechai (2000), »Frühe Neuzeit und Beginn der Moderne« in: ders./Graetz, Michael (Hg.), *Deutsch-jüdische Geschichte der Neuzeit*, Bd. 1, S. 85–247.

Vgl. Literatur zu Kapitel 5.

Brocke, Michael (Hg.) (1983), *Beter und Rebellen: aus 1.000 Jahren Judentum in Polen*, Frankfurt/M.

Umfassender und sehr lesenswerter Sammelband, der einen guten Überblick zur polnisch-jüdischen Geschichte vermittelt.

Etkes, Immanuel (2002), *The Gaon of Vilna. The Man and His Image*, Berkeley, Los Angeles.

Eines der wenigen Werke über den großen litauischen Gelehrten in englischer Sprache, das umfassend in Leben und Schaffen einführt.

Haumann, Heiko (1998), *Geschichte der Ostjuden*, München, 4. Auflage.

Klassiker, kurz und bündig, informativ, auch zur Erstinformation sehr geeignete Einführung.

Rosman, Moshe (1996), *The Founder of Hasidism: A Quest fort he Historical Ba'al Shem Tov*, Berkely, Los Angeles.

Bahnbrechendes Werk, erste historisch fundierte Biographie des Ba'al Schem Tov.

Schulte, Christoph (2002), *Die jüdische Aufklärung. Philosophie, Religion, Geschichte*, München.

Sehr gute und umfassende Einführung in Ursprung und Bedeutung der Haskala.

Zu Kapitel 8: Tora und Israel

Brenner, Michael (2002), *Geschichte des Zionismus*, München.

Lesenwerte Einführung, zugleich reich an biographischen Informationen über Theodor Herzl.

Brenner, Michael/Jersch-Wenzel, Steffi/Meyer, Michael A. (2000), *Deutsch-jüdische Geschichte der Neuzeit*, München, Bd. 2: 1780–1871.

Herzl, Theodor (2004 [1896]), *Der Judenstaat. Text und Materialien 1896 bis heute*, hg. von Ernst Piper, Berlin/Wien.

Katz, Jacob (2002), *Tradition und Krise. Der Weg der jüdischen Gesellschaft in die Moderne*, München.

Umfassende und innovative Darstellung der Entwicklung des modernen Antisemitismus.

Lowenstein, Steven M./Mendes-Flohr, Paul/Pulzer, Peter/Richarz, Monika (2000), *Deutsch-jüdische Geschichte der Neuzeit*, München, Bd. 3: 1871–1918.

Schoeps, Julius H. (Hg.) (2002), *Deutsch-jüdischer Parnaß. Rekonstruktion einer Debatte*, Berlin/Wien.

Instruktive Darstellung der Kontroverse um den Aufsatz Moritz Goldsteins; enthält auch diesen selbst und eine Auswahl von zeitgenössischen Leserbriefen.

Wassermann, Jakob (2005 [1921]), *Mein Weg als Deutscher und Jude*, München.

Eindrucksvolle autobiographische Schilderung des inneren Zwiespalts zwischen der eigenen deutschen und jüdischen Identität; zum Vergleich mit Moritz Goldstein.

Wiener, Max (2002 [1933]), *Jüdische Religion im Zeitalter der Emanzipation*, Berlin.

Klassiker. Wichtige Innensicht auf das Judentum Anfang des 20. Jahrhunderts.

Zu Kapitel 9: Schoa

Herbert, Ulrich (Hg.) (1998), *Nationalsozialistische Vernichtungspolitik 1939–1945. Neue Forschungen und Kontroversen*, Frankfurt/M.

Unter der Maßgabe, dass die Erforschung der Ursachen und des Vollzugs des nationalsozialistischen Genozids nicht Bestandteil der jüdischen Geschichte ist: das umfassendste neuere Gesamtbild zum Thema, bildet die deutsche Forschungslage ab.

Hilberg, Raul (1990), *Die Vernichtung der europäischen Juden*, 3 Bde., Frankfurt/M.

Das Referenzwerk.

Klüger, Ruth (1994), *Weiter leben*, München.

Ein in seiner Tiefe und Reflexivität geradezu einzigartiger Erlebnisbericht einer Überlebenden der Schoa. Wird hier exemplarisch genannt und mit der Bitte verbunden, selbst Zeitzeugenberichte auszuwählen und zu lesen.

Zu Kapitel 10: Gegenwart

Hertzberg, Arthur (1996), *Shalom, Amerika! Die Geschichte der Juden in der Neuen Welt*, Frankfurt/M.

Umfassendes und zur Einführung gut geeignetes Standardwerk.

Jacobs, Louis (1995), *We have Reason to believe – Some Aspects of Jewish Theology examined in the Light of Modern Jewish Thought*, London.

Sehr kundige theologische Einführung in das moderne jüdische Denken.

Krämer, Gudrun (2002), *Geschichte Palästinas. Von der osmanischen Eroberung bis zur Gründung des Staates Israel*, München, 3. Auflage.

Sehr kundige historische Darstellung, zeigt auch die arabische Sicht auf die Dinge.

Krupp, Michael (1985), *Zionismus und Staat Israel. Ein geschichtlicher Abriß*, Gütersloh.

Sehr verbreitetes Einführungswerk von einem langjährigen Kenner Israels.

Romain, Jonathan/Homolka, Walter (1999), *Progressives Judentum – Leben und Lehre*, München.

Umfassende Darstellung von Leben und Selbstverständnis des progressiven Judentums.

Rosenthal, Gilbert S./Homolka, Walter (1999), *Das Judentum hat viele Gesichter. Die religiösen Strömungen der Gegenwart*, München.

Instruktive erste Einführung in die moderne Vielfalt des Judentums und deren Entstehung.

Segev, Tom (2005), *Es war einmal ein Palästina. Juden und Araber vor der Staatsgründung Israels*, Berlin.

Spannend zu lesen. Vorgeschichte des Staates Israel unter Verwendung neu erschlossener Quellen.

Abkürzungen

Die Bücher der Hebräischen Bibel
(in der Reihenfolge der Lutherbibel)

Gen	Genesis, 1. Mose
Ex	Exodus, 2. Mose
Lev	Levitikus, 3. Mose
Num	Numeri, 4. Mose
Dtn	Deuteronomium, 5. Mose
Jos	Josua
Ri	Richter
Thr	Klagelieder
1/2 Sam	1/2 Samuel
1/2 Kön	1/2 Könige
Esr	Esra
Neh	Nehemia
Est	Esther
Hi	Hiob
Ps	Psalmen
Koh	Kohelet
Jes	Jesaja
Jer	Jeremia
Ez	Ezechiel
Hos	Hosea
Am	Amos
Mal	Maleachi

Die Bücher des Neuen Testaments

Gal	Galaterbrief (des Paulus)

Deuterokanonische Schriften

1 Hen	(äthHen) 1. Henochbuch oder Äthiopischer Henoch
2 Makk	2. Makkabäerbuch
Ant	Antiquitates Judaicarum (auch: »Jüdische Altertümer«)
AssMos	Assumptio Mosis (auch: Testament des Mose)
SapSal	Sapientia Salomonis (Weisheit Salomos)

Rabbinische Literatur

Mischna und Talmud

AZ	Avoda Sara Fremdes Werk (d.i. Götzendienst)
BB	Baba Batra Hinter Pforte (des Strafrechts)
Ber	Berakhot Segenssprüche
Bik	Bikkurim Erstlingsfrüchte

Git	Gittin Scheidungsbriefe
Men	Menachot Vegetarische Opfer
Qid	Qidduschin Verlobungen

2. Midrasch

GenR	Genesis Rabba Großer Midrasch zu Gen
Mek	Mekhilta de-Rabbi Jischma'el Midrasch zu Ex 12–23; 31; 35,1–3
Sifra	Sifra »Das Buch«; Midrasch zu LevSif Sifré »Bücher«; Midrasch zu Num/Dtn
ShirR	Schir ha-Schirim Rabba Großer Midrasch zum Hohenlied
ShirZ	Schir ha-Schirim Zuta Kleiner Midrasch zum Hohenlied

Christliche Schriften (nach dem Neuen Testament)

Eusebius	praep. Ev Praeparatio evangelica
Augustin	De Civitate De civitate Dei

Glossar

Achtzehnbittengebet →Amida

Agudat Jisro'el (hebr. Union Israels) Vereinigung und politische Partei, der es um die Bewahrung der orthodoxen Halacha als Lebens- und Gesellschaftsprinzip des jüdischen Volkes geht. Wurde 1912 in Katowice gegründet und war zunächst antizionistisch ausgerichtet, kooperierte aber ab 1940 mit jüdischen Organisationen in Palästina. In der *Agudat*, seit 1948 auch als politische Partei wirksam, arbeiten chassidische und nichtchassidische (z.B. litauische) Orthodoxe zusammen.

Alenu Nach seinen Anfangsworten (»es ist an uns«, hebr. *Alenu*) benannter Schlusshymnus des jüdischen Gottesdienstes.

Aljama (arab. *Al-Jama'a*; Gemeinde, Versammlung) Rechtsform der jüdischen Gemeinden Spaniens, die der Selbstverwaltung diente. Sie finanzierte sich durch Steuern und wurde zumeist von Honoratioren der jeweiligen Orte beherrscht. *Aljamas* waren die Ansprechpartner der christlichen Herrscher in jüdischen Belangen.

Almohaden (arab. *Al-Muwahhidun* »Bekenner der Einzigkeit Gottes«) Muslime berberischer Herkunft, die 1145 aus Nordafrika in Spanien eindrangen, um die Reconquista aufzuhalten und einen »reinen Islam« durchzusetzen.

Almoraviden (arab. *Al-Murabitun,* »Die in Wehrsiedlungen wohnen«) Muslime berberischer Herkunft, die nach 1055–1061 den Maghreb, ab 1062 auch Teile der Iberischen Halbinsel eroberten und die Reconquista vorläufig zum Stehen brachten.

Amida (hebr. stehen) Hauptgebet (eher: ein Katalog von Gebetsanliegen) des jüdischen Gottesdienstes, das im Stehen verrichtet wird und ursprünglich aus 18 Bitten bestand, bevor es im 2. Jahrhundert um ein Gebet gegen Abtrünnige erweitert wurde.

Ansiedlungsrayon Nach den Polnischen Teilungen von der zaristischen Herrschaft eingerichtetes Siedlungsgebiet im Grenzbereich zur Türkei, Österreich-Ungarn und Preußen, in welchem sich Juden ansiedeln durften.

Ba'al Schem Tov (etwa »Meister des Guten Namens«, Akronym *Besch"t*) Berufs- und Ehrenbezeichnung für einen Heiler und Charismatiker, der mit Hilfe spiritueller Mittel (eben z. B. mit dem Guten Namen, dem Namen des Ewigen, der im Gebet und auf Amuletten Anwendung findet) und volksmedizinischer Kenntnisse Menschen aus Armut, Krankheit oder Kinderlosigkeit rettet.

Bet Midrasch (hebr. Lehrhaus) Ab dem 2. Jahrhundert Einrichtung der Ortsgemeinde für Versammlungen, Studium der

Tora; im Mittelalter manchmal gleichbedeutend mit *Jeschiva* (Einrichtung für höhere Studien).

Bundisten Mitglieder des Bundes, des 1897 gegründeten »*Algemeyner Yidischer Arbeter Bund in Lite, Poyln un Rusland*« (vgl. S. 158)

Chassidismus (hebr. *Chassid*, Frommer) Jüdische Reformströmung des 18. Jahrhunderts, die in Osteuropa das soziale und religiöse Leben revolutionierte.

Fatimiden Schiitische Dynastie, die zunächst im Maghreb (909–978), dann in Ägypten und Syrien (969–1171) ihre Herrschaft errichtete. Zu Beginn ihrer Regentschaft kam es zu Verfolgungen von Juden und Christen, später erlangten diese einen angesehenen Status, konnten sogar in hohe Positionen einrücken.

Gusch Emunim (hebr. »Block der Treuen«) 1974 gegründet. Gruppierung derer, welche die nationale Wiedergeburt Israels als Anfang der Erlösung interpretieren. Wenden sich strikt gegen jedwede Rückgabe von Territorien an arabische Staaten oder die PLO.

Hadith (arab. Geschichte, Überlieferung) Gesamtheit der Überlieferungen über die Taten und Entscheide Mohammeds außerhalb des Koran.

Halacha (Plural: *Halachot*; von hebr. gehen) Gesamtheit der ethischen und rituellen Regeln, welche das jüdische Leben ausmachen. (Vgl. S. 15)

Hasmonäer →Makkabäer

Idumäer Semitisches Volk, welches südlich und südöstlich des israelitischen Kernlandes siedelte. Die Bibel führt die Herkunft der Idumäer auf Esau/Edom zurück (vgl. Gen 36), betrachtet also Israel und Edom als genealogisch verwandt.

Kabbala (hebr. Tradition) Klassische jüdische Mystik, wie sie sich ab dem 12. Jahrhundert in Spanien und der Provence entwickelte.

Kaddisch (von hebr. heiligen, weihen) Gebet in aramäischer Sprache, das Übergänge innerhalb des Gottesdienstes markiert. *Kaddisch* gibt es in vier Formen: Kaddisch und Halbkaddisch im Gottesdienst, als Totengebet, als Gebet zum Studium.

Kalam Rationalistische islamische Theologie (ab 8. Jahrhundert), die methodisch an den philosophischen Schulen der Spätantike anknüpft und die strenge Einheit und Einsheit Allahs zu erweisen sucht.

Kana'an (von akkad./hurrit. Purpurrot oder Purpurschnecke) Bezeichnung des südlichen Teils der Levante zwischen Sidon und Gaza vor der Staatengründung Alt-Israels um 1000 v.d.Z.

Kibbuz (hebr. Sammlung, gemeinsam) Landwirtschaftliche Siedlungen mit kollektivem Eigentum an Land und Produktionsmitteln, fußend auf sozialistischen Ideen.

Makkabäer Ursprünglich Ehrenname von Jehuda Makkabi, dem siegreichen Befreier des jüdischen Volkes von der Gewaltherrschaft des Antiochos IV. Epiphanes, später auf dessen gesamte Familie, die priesterlichen Hasmonäer, angewandt.

Masorti (hebr. traditionell) In Europa und Israel verwendete Bezeichnung für das konservative Judentum und zugleich deren wichtigste Organisation.

Megillot (hebr. Schriftrollen) Bezeichnet fünf anlässlich von Festen verlesene Bücher der Hebräischen Bibel: Hoheslied/ *Schir ha-Schirim* (Pessach), Rut (*Schawu'ot*), Klagelieder/*Ekha* (Gedenken an die Tempelzerstörung, *Tisch'a be-Av*, Prediger/Kohelet (*Sukkot*), Esther (*Purim*).

Mincha (hebr. Gabe) Urprünglich vegetabilisches Opfer im Tempel (Lev 2); dann Bezeichnung für das nachmittägliche Opfer, heute Bezeichnung für den Gottesdienst am Nachmittag.

Mischna (hebr. lernen) Erstes bedeutendes Werk rabbinischer Gelehrter, welche von den Rabbinien vertretene *Halacha* zusammenfasst. Gegen Ende des 2. Jahrhunderts vollendet.

Mafdal (Akronym aus: *Miflega datit-le'-umit*; nationalreligiöse Partei) 1956 gegründete Partei in Israel; basiert auf religiös untersetztem Zionismus.

Misrachi (Akronym aus: *Merkas ruchani*, Geistiges Zentrum) 1902 gegründete größte religiös-zionistische Bewegung, welche die Tora als geistiges Zentrum des Staates Israel etablieren will.

Neturé Karta (aram. Wächter der Stadt) Spaltete sich 1935 von der *Agudat Jisro'el* ab und ist eine ultraorthodoxe radikale Organisation, die den säkularen Staat Israel bekämpft, weil sie ihn für eine sündige Anmaßung hält. In den *Neturé Karta* arbeiten antizionistische Chassidim (wie die Satmar) mit.

Pharisäer (hebr. *Peruschim*, »Abgespaltene«, oder *Paroschim*, »genau Unterscheidende«) Jüdische Gruppierung der Makkabäerzeit bis etwa 70 n.d.Z., deren Halacha auf die Heiligung des Alltags eines jeden Juden abzielte.

Rabbi/Rabbinen (hebr. *Rav*, Meister) Gelehrte der rabbinischen Strömung in der Spätantike, die sich sukzessive zur führenden geistigen Kraft im Judentum entwickelten.

Sanhedrin (von griech. *synhedrion*, gemeinsames Sitzen) Oberster Gerichtshof am Jerusalemer Tempel.

Schass (Akronym aus: *Schischa Sidré*, sechs Ordnungen, d.i. Talmud) Sefardische Sezession von der aschkenasisch dominierten *Agudat Jisro'el*, die sich 1984 als politische Partei konstituierte. *Schass* vertritt eine gemäßigt rechte Politik.

Schekhina (hebr. einwohnen) Auch *Malkhut* (hebr. Königtum, zehnte →*Sefira*, welche die Gegenwart (das Exil) des Ewigen auf Erden symbolisiert und auch mit dem mystischen Israel identifiziert wird.

Schmoné Essré (Achtzehn[bittengebet]) →Amida

Sefira (hebr. Zahl, Plural *Sefirot*) Eine von zehn Stufen der Emanation, Aspekt der Offenbarung des Ewigen in der klassischen →*Kabbala*.

Seldschuken Türkische Dynastie, regierte von 1038–1194 über das Gebiet zwischen Amur-Darja und Syr-Darja (heutiges Usbekistan), eroberten ab 1055 Persien, den Irak und Afghanistan und fügten den Byzantinern 1071 in Manzikert eine schwere Niederlage zu. In der Folge dessen wurde auf dem Gebiet der heutigen Türkei das Sultanat der Rum-(Rom)-Seldschuken begründet, welches (1243 auf dem Höhepunkt der Macht) den östlichen Mittelmeerraum Jahrhunderte lang beherrschte.

Septuaginta (lat. Siebzig) Der Legende nach von 72 Gelehrten innerhalb von 72 Tagen ausgeführte Übersetzung der Hebräischen Bibel ins Griechische, welche im 3. Jahrhundert v.d.Z. fertig gestellt worden ist.

Siddur (von hebr. ordnen, Regelung) Gebetbuch, in der Hauptsache für die Alltags- und Schabbatgebete.

Takkanot Anordnungen von Gelehrten, die nicht direkt auf biblischen Vorgaben basieren.

Tallit Ein rechteckiges liturgisches Gewand, an dessen Enden die in Num 15,37–41 vorgeschriebenen *Zizit* angebracht sind. Ultraorthodoxe Juden tragen einen *Tallit katan* (kleinen *Tallit*) ständig unter ihrem Anzug; die meisten anderen hüllen sich beim Gebet in einen größeren *Tallit*, der dann die Form eines rechteckigen Tuches hat.

Talmud (von hebr. lernen) Im 5. Jahrhundert (Jerusalemer) bzw. 6./7. Jahrhundert (Babylonischer Talmud) entstandenes großes Kommentarwerk zur →*Mischna*; ein Kompendium spätantiken jüdischen Wissens und *das* Werk jüdischer Tradition schlechthin.

Tefilla (Gebet) →Amida

Tora (hebr. Weisung) Im engeren Sinne: Fünf Bücher Mose als Kern der Offenbarung Gottes nach jüdischem Verständnis; im weiteren Sinne: Offenbarung und deren Interpretation und Aktualisierung. (Vgl. S. 13)

Tosefta (aram. Hinzufügung) Sammlung von rabbinischen Traditionen des 1./2. Jahrhunderts, die keine Aufnahme in die *Mischna* gefunden haben, sowie ältester Kommentar zur Mischna selbst.

U-Netané Tokef (hebr. »Und lasst uns künden [heiligen Tages] Macht«) Hymnus zum Neujahrsfest, der Legende nach von Rav Amnon von Mainz geschaffen. Tatsächlich ist das *u-Netané-Tokef* bedeutend älter. Vielleicht geht es auf ein palästinisches Gebet aus dem 4. Jahrhundert zurück.

Zionismus Auf Theodor Herzl zurückgehende jüdische Strömung des 19./20. Jahrhunderts, die darauf abzielte, für das jüdische Volk eine nationale Heimstätte zu schaffen.

Zoroastrismus Auf Zoroaster/Zarathustra (um 1300 v.d.Z.) zurückgehende altiranische Religion dualistischer Prägung.

Bildnachweise

S. 23:	aus: Elie Kedourie, Die jüdische Welt. Offenbarung, Prophetie und Geschichte, München 2002, S. 47	S. 35:	aus: Kedourie (s.o.), S. 101
		S. 37:	Israel Museum, Jerusalem
		S. 45:	National and University Library, Jerusalem
S. 26:	Minhagim-Buch, Amsterdam 1722/23, aus: Jüdisches Lexikon. Ein enzyklopädisches Handbuch des jüdischen Wissens, hg. von G. Herlitz und B. Kirschner, Berlin 1930, S. 159	S. 95:	Encyclopedia Judaica
		S. 124:	British Library, London
		S. 127:	Encyclopedia Judaica
		S. 136:	Bildarchiv Preußischer Kulturbesitz, Berlin
S. 27:	Formerly S.D. Sassoon Collection, aus: Kedourie (s.o.), S. 111	S. 159:	jafi.jewish-life.de/.../images/Malbimtitel.gif
S. 33:	Bildarchiv Preußischer Kulturbesitz, Berlin	S. 159:	Instituto Rosa Luxemburg Stiftung, São Paulo
		S. 176:	Ullsteinbild, Berlin

Campus Einführungen

Geert Hendrich
ARABISCH-ISLAMISCHE PHILOSOPHIE
Geschichte und Gegenwart
2005 · 184 Seiten · ISBN 3-593-37583-4

Martin Hartmann
GEFÜHLE
Wie die Wissenschaften sie erklären
2005 · 184 Seiten · ISBN 3-593-37718-7

Matthias Koenig
MENSCHENRECHTE
2005 · 168 Seiten · ISBN 3-593-37186-3

Gerhard Willke
NEOLIBERALISMUS
2003 · 209 Seiten · ISBN 3-593-37208-8

Andreas Herberg-Rothe
DER KRIEG
Geschichte und Gegenwart
2003 · 154 Seiten · ISBN 3-593-37236-3

Gerne schicken wir Ihnen aktuelle Prospekte
vertrieb@campus.de · www.campus.de